高等学校小学教育专业卓越教师培养系列教材

小学教师专业发展

编著 吴义昌

南京大学出版社

图书在版编目(CIP)数据

小学教师专业发展 / 吴义昌编著. — 南京：南京大学出版社，2018.1(2025.1重印)

高等学校小学教育专业卓越教师培养系列教材

ISBN 978-7-305-19664-5

Ⅰ. ①小… Ⅱ. ①吴… Ⅲ. ①小学教师－师资培养－高等学校－教材 Ⅳ. ①G625.1

中国版本图书馆 CIP 数据核字(2017)第 305048 号

出版发行	南京大学出版社
社　　址	南京市汉口路 22 号　　邮　编　210093
丛 书 名	高等学校小学教育专业卓越教师培养系列教材
书　　名	小学教师专业发展 XIAOXUE JIAOSHI ZHUANYE FAZHAN
编　　著	吴义昌
责任编辑	钱梦菊　　　　编辑热线　025-83592146
照　　排	南京南琳图文制作有限公司
印　　刷	南京百花彩色印刷广告制作有限责任公司
开　　本	787 mm×1092 mm　1/16 开　印张 11.5　字数 245 千
版　　次	2025 年 1 月第 1 版第 6 次印刷
ISBN	978-7-305-19664-5
定　　价	29.00 元

网址：http://www.njupco.com
官方微博：http://weibo.com/njupco
微信服务号：NJUyuexue
销售咨询热线：(025) 83594756

* 版权所有，侵权必究
* 凡购买南大版图书，如有印装质量问题，请与所购
　图书销售部门联系调换

前　言

　　本教材的编写背景主要有理论背景和政策背景两个方面。从理论背景方面说，本教材的编写基于小学教师专业发展具有诸多重要意义。首先，小学教师专业发展对于小学教育实践质量的提升具有重要意义。制约小学教育实践质量的因素有许多，作为直接实施者，小学教师专业发展状况是最为重要的制约因素。其次，小学教师专业发展对于小学教师自我价值的实现具有重要意义。在小学教育中，以人为本理念不仅体现为以学生为本，而且体现为以教师为本，小学教师也有实现自身价值的需要，也应该在职业生涯中不断获得专业发展。最后，小学教师专业发展是知识社会的必然要求。在当今日新月异的知识社会时代，终身学习是最为重要的教育理念，小学教师专业发展持续整个职业生涯过程，无论是作为小学教育专业师范生，还是作为在职小学教师，只有掌握有关专业发展的理论和方法，才能够更为有效地践行终身学习理念，从而适应社会发展的要求。

　　从政策背景方面说，本教材的编写基于我国《教师教育课程标准（试行）》和《小学教师专业标准（试行）》的颁布实施。2011年，我国教育部颁布了《教师教育课程标准（试行）》，该标准明确指出教师教育机构要依据课程标准，制定教师教育课程方案；要根据学习领域、建议模块以及学分要求，确立相应的课程结构。该标准在小学职前教师教育课程目标部分提出师范生应了解教师专业素养的核心内容，明确自身专业发展的重点；了解教师专业发展的阶段与途径，熟悉教师专业发展规划的一般方法，了解教师专业发展的影响因素。该标准把"职业道德与专业发展"作为一个专门的学习领域，把"教师专业发展"作为一门课程放在"建议模块"之中。2012年，我国教育部颁布了《小学教师专业标准（试行）》，明确指出该标准"是国家对合格小学教师专业素质的基本要求，是小学教师实施教育教学行为的基本规范，是引领小学教师专业发展的基本准则，是小学教师培养、准入、培训、考核等工作的重要依据"。该标准把"反思与发展"作为小学教师专业能力的一个专门领域，在"基本要求"部分提出小学教师应能够制定专业发展规划，不断提高自身专业素质。为帮助小学教育专业师范生和在职小学教师有效达到这一要求，小学教师教育机构就有必要开设有关小学教师专业发展的课程，而教材编写又是课程建设的基本要素。

　　本教材具有以下四个特点：

　　一是系统性。作为教师教育的一个研究领域，教师专业发展一般包括以下三方面的内容,即教师专业发展的横向结构、教师专业发展的纵向过程和教师专业发展的促进策略。本教材在阐述小学教师专业发展的内涵的基础上,着重从以上三个维度对小学教师专业发展进行了比较系统的探讨,其中,第二章《小学教师专业标准》主要探讨的是小学教师专业发展的横向结构;第三章《小学教师专业发展阶段》主要探讨的是小学教师专业发展的纵向过程,第四、五、六、七章主要探讨的是小学教师专业发展的促进策略。

二是专业性。狭义地说,专业性意味着某一领域具有该领域之外的人很少知道或较难掌握的比较精深的专门知识及专门技能。本教材以《小学教师专业发展》作为书名,应该体现较强的专业性。为此,本教材尽可能运用专业概念、专业命题、专业推理及专业基础理论来对小学教师专业发展进行阐述。譬如,本教材重视使用自我反思、同伴互助、专业引领、课例研究、行动研究等专业概念,重视运用实践知识理论、建构主义学习理论、学习型组织理论、知识管理理论等专业基础理论对小学教师专业发展的促进策略进行论证。

三是意义性。人是理性的动物。互动论社会学认为,人对事物的行动以事物对人的意义为基础。换言之,人只有充分认识到某项活动具有重要意义,他才会积极从事该活动。本教材在有关小学教师专业发展的促进策略方面,高度重视对每一条策略对于小学教师专业发展的意义进行全面而深入的阐释,从而帮助小学教育专业师范生及在职小学教师提高运用每一条策略的自觉性。

四是实践性。意义性强调的是"为什么做",实践性强调的是"怎么做"。本教材坚持学以致用原则,重视为小学教育专业师范生和在职小学教师提供具有较强可操作性的促进自身专业发展的理论指导和建议。政策对实践具有直接的制度性规范作用,而案例则能为实践提供直接的借鉴。为此,本教材还重视对当前有关小学教师专业发展的政策和案例的解读和引用。

本教材的适用对象主要为小学教育专业本科生,本教材也可以为小学教育专业硕士生、在职小学教师、小学教育管理者以及小学教育理论工作者的学习和研究提供参考。

在本教材编写过程中,笔者参考了许多文献,为了表示对文献作者劳动成果的尊重和感谢,同时也为了使本教材更为严谨,笔者尽可能对所引用的文献进行了标注。同时,笔者也对南京大学出版社钱梦菊编辑对本教材的细心校对表示衷心的感谢。

由于笔者学术视野和理论水平的局限,本教材必然存在不足之处,敬请读者批评指正。

编 者
2018 年 1 月

目 录

配套数字资源概览

第一章 小学教师专业发展概述 ... 1
第一节 教师职业的发展历程 ... 3
第二节 小学教师专业发展的内涵 ... 6
第三节 小学教师专业发展的取向 ... 12

第二章 小学教师专业标准 ... 27
第一节 教师专业标准概述 ... 29
第二节 美国教师专业标准分析 ... 31
第三节 我国小学教师专业标准解读 ... 41

第三章 小学教师专业发展阶段 ... 53
第一节 小学教师专业发展阶段理论 ... 55
第二节 我国职称制度对小学教师专业发展阶段的划分 ... 61
第三节 小学教师专业发展过程中的现实问题 ... 65

第四章 自我反思与小学教师专业发展 ... 79
第一节 小学教师自我反思的内涵 ... 81
第二节 自我反思对于小学教师专业发展的意义 ... 84
第三节 小学教师自我反思的主要途径 ... 90

第五章　同伴互助与小学教师专业发展 ··· 105
第一节　小学教师同伴互助的内涵 ··· 107
第二节　同伴互助对于小学教师专业发展的意义 ··· 112
第三节　课例研究是小学教师同伴互助的重要形式 ··· 114
第四节　小学教师同伴互助的保障条件 ··· 127

第六章　专业引领与小学教师专业发展 ··· 133
第一节　小学教师专业引领的内涵 ··· 135
第二节　专业引领对于小学教师专业发展的意义 ··· 140
第三节　小学教师认同专业引领的教育理论价值观基础 ··· 145
第四节　小学教师专业引领的主要方式 ··· 149

第七章　行动研究与小学教师专业发展 ··· 157
第一节　行动研究的内涵 ··· 159
第二节　行动研究的演进 ··· 161
第三节　行动研究对于小学教师专业发展的意义 ··· 167
第四节　行动研究的程序 ··· 170

参考文献 ··· 176

第一章
小学教师专业发展概述

本章重点
➢ 小学教师专业发展的内涵
➢ 小学教师专业发展的取向

百年大计,教育为本;教育大计,教师为本。影响教育质量的因素是多方面的,其中,作为教育实践活动的直接实施者,教师是保证教育质量的关键因素,因此,小学教师专业发展状况直接影响小学教育的实践效果。长期以来,人们往往过于强调教师对于学生发展和社会发展的工具价值,而忽视了教师自身发展的需要。在以人为本的当今时代,小学教师自身的专业发展状况理所当然地应该受到关注。

教师专业发展研究

第一节 教师职业的发展历程

教育是伴随着人类社会的产生而产生的,而教师是教育活动不可或缺的要素之一,因此,广义地说,自从有了人类社会,就有了教师。作为当今世界最为庞大的专业团体和最为重要的职业之一,教师职业经历了非职业化阶段、职业化阶段、专门化阶段和专业化阶段的历史演进过程。教师职业的这一发展历程不仅为当代小学教师专业发展提供了宏观的历史背景,而且在一定程度上昭示着当代小学教师专业发展的基本趋势。

一、非职业化阶段

在教师职业发展的非职业化阶段,教师作为一种职业还没有出现在社会分工中,还没有从其他职业中独立出来,教师的教育活动具有业余性质,教师也不依靠教育活动谋生。

教师职业发展的非职业化阶段主要处于学校出现之前的原始社会时期。这时的教师主要是氏族或部落中的首领、老人、能人,这时的教育对象主要是与教师有血缘关系的年轻一代或有隶属关系的下属,这时的教育内容主要是笼统的生产经验和生活经验。譬如,在我国原始社会就有伏羲氏"教民以猎"、神农氏"教民耕种"的传说。

在教师职业发展的非职业化阶段,能够成为教师的最为重要的条件是拥有丰富的生产经验或生活经验,因此,在该阶段,"长者为师"、"能者为师",教师最为重要的素质也就在于所教内容方面,而且该阶段的教育内容具有鲜明的经验性,这也与原始社会知识的发展水平很低有重要关系。

二、职业化阶段

在教师职业发展的职业化阶段,教师作为一种职业出现在社会分工中,从其他职业中独立出来,教师的工作以教育活动为主,在一定程度上教师也依靠教育活动谋生。

教师职业发展的职业化阶段主要处于学校出现后的古代社会。学校的出现意味着其有相对稳定的教师、学生、教育场所和教育内容。我国最早的职业化教师以私学教师为代表,其中,最重要的代表当属孔子。孔子一生的工作以教育为主,其"弟子三千","贤人七十二"。在西方,最早的职业化教师是公元前5世纪古希腊的"智者"。所谓"智者",在当时就是指以收费授徒为职业的教师。

在教师职业发展的职业化阶段,教师的教育内容不再是笼统的经验,而是抽象和概括水平更高的知识。西方教育史上沿用长达千年之久的"七艺"教育内容指的是文法、修辞、辩证法、算术、几何、天文、音乐,其中,前"三艺"就是由"智者"首先确定下来的。孔子不赞同把经验作为主要的教育内容,证据之一是下面《论语》所记载的孔子的一个教育故事。

> 樊迟请学稼。子曰:"吾不如老农。"请学为圃。曰:"吾不如老圃。"樊迟出。子曰:"小人哉,樊须也!上好礼,则民莫敢不敬;上好义,则民莫敢不服;上好信,则民莫敢不用情。夫如是,则四方之民襁负其子而至矣,焉用稼?"

孔子的教育目的是培养内圣外王的君子,为了达成这一目的,孔子的主要教育内容就不再是经验,尤其不是生产经验,而是抽象和概括水平更高的人文社会知识,这些知识主要就表现为"六经",即《诗经》、《书经》(即《尚书》)、《礼经》、《易经》(即《周易》)、《乐经》、《春秋》。古代的自然科学知识发展水平很低,而人文社会科学知识则得到较为充分的发展,即使在今天来看,"六经"的知识水平仍然不低。

在我国西周时代,教育内容还包括具有基础性的"六艺",即礼、乐、射、御、书、数,这些内容虽然在知识的发展水平上较低,然而,它们区别于原始社会教育内容的明显特点是具有分科性,而不再是笼统的经验。

在教师职业发展的职业化阶段,能够成为教师的最为重要的条件是拥有渊博的知识,因此,在该阶段,"学高为师"、"学者为师"成为其显著特征。与教师职业发展的非职业化阶段一样,在职业化阶段,教师最为重要的素质也在于所教内容方面,不同的是,该阶段的教育内容主要不是笼统的经验,而是抽象和概括水平更高的知识,这也与古代社会人文社会知识得到比较充分的发展有重要关系。

三、专门化阶段

在教师职业发展的专门化阶段,准备从事教育工作的人需要由专门的教师培养机构加以培养,这些人经过专门培养之后承担教师职责。而在教师职业发展的非职业化阶段和职业化阶段,从事教育活动的教师都没有经过专门的培养。

教师职业发展的专门化阶段主要处于近代社会。从世界范围来说,1681年法国神甫拉萨尔创办了教育史上第一所师资训练学校。在我国,1897年盛宣怀在上海南洋公学开办师范院,这是我国教育史上的第一所师范学校。

教师职业发展迈入专门化阶段的主要社会背景是近代社会教育的逐渐普及。教育的普及促使了教学组织形式发生革命性的变化,即由古代教育以个别教学为主转变为近代教育以班级授课制为主。为了适应近代教育的普及,1632年捷克教育家夸美纽斯在其代表作《大教学论》中系统构建了班级授课制理论。与个别教学相比,班级授课更为复杂,对教师的素质提出了更高的要求。我国最早采用班级授课制的学校是1862年在北京设立的京师同文馆(清代最早培养译员的洋务学堂和从事翻译出版的机构),1905年废科举、兴学堂运动之后,班级授课制在我国学校教育中得到普遍推行。从上述时间节点能够看出,教师职业发展迈入专门化阶段的主要教育背景是班级授课制的推行。

在教师职业发展的专门化阶段,教师的素质结构发生的主要变化是由前两个阶段仅仅强调"教什么"的素质,即学科素质,转变为既注重"教什么"的学科素质,又注重"怎么教"的教育素质。也就是说,能够成为教师的重要条件不仅包括掌握渊博的学科知识,要有内容可教,而且要具有必要的教育素养,要会教、善教。在该阶段,师范教育的课程结构除通识课程外其余由学科类课程和教育类课程两大部分组成。

在教师职业发展的专门化阶段,教师所需要的教育素养主要是笼统的教学经验,而不是抽象的教学理论,师范教育培养教师的主要方式是"艺徒式",而不是系统的"讲授式",师范生通过见习和实习,观察和模仿有经验教师的教学活动,获得笼统的感性教学经验。该阶段教师所养成的教育素养与教育科学知识的发展不够成熟有重要关系。虽然拉萨尔于1681年创办了教育史上第一所师资训练学校,然而,直到1806年德国教育家赫尔巴特的《普通教育学》出版,才标志着教育学真正成为一门独立的学科。师范教育中教育类课程的重要组成部分是心理学,众所周知,直到1879年德国心理学家冯特在莱比锡大学建立世界上第一个心理学实验室,心理学才脱离哲学而成为独立的学科。

四、专业化阶段

经过教师职业发展的专门化阶段之后,接受过师范教育的教师在数量上逐渐满足了教育发展的需要,鉴于教师职业在社会发展中的重要性不断增强,教师的质量愈来愈受到重视,于是,教师职业逐渐向专业化阶段迈进。

学术界一般认为,教师职业发展的专业化阶段正式开始于20世纪60年代,其标志是1966年国际劳工组织和联合国教科文组织联合颁布的《关于教师地位的建议》文件。该文件提出,教师工作应该被视为一种专业,它是一种要求教师具备经过严格而持续不断的研究才能获得并维持的专门知识及专门技能的公共业务;它要求对所辖学生的教育和福利具有个人及共同的责任感。[①] 该文件拉开了教师职业走向专业化的序幕。美国《时代周刊》于1980年发表《危机!教师不会教》文章,极大地推动了美国教师专业化运动的开展,随后,由高质量教育委员会于1983年发表的《国家处于危机中:教育改革势在必行》、霍姆斯小组于1986年发表的《明天的教师》、卡内基小组于1986年发表的《国家为培养21世纪的教师做准备》、复兴小组于1989年发表的《新世界的教师》、霍姆斯小组于1990年发表的《明日之学校》、霍姆斯小组于1995年发表的《明日之教育学院》等一系列报告都把推进教师专业化作为核心议题。1996年9月在瑞士日内瓦召开的联合国教科文组织第45届国际教育大会在《加强变化着的世界中的教师的作用》文件中提出,"在提高教师地位的整体政策中,专业化是最有

---

① [日]筑波大学教育学研究会. 现代教育学基础[M]. 钟启泉,译. 上海:上海教育出版社,1986:443.

前途的中长期策略"。1998年在北京召开的"面向21世纪师范教育国际研讨会"明确指出"当前师范教育改革的核心是教师专业化问题"。

我国从20世纪80年代后期开始关注教师专业化问题。我国国家统计局和标准局于1986年发布的《中华人民共和国国家标准职业分类与代码》把各级各类教师归于"专业技术人员"一类。1993年颁布的《中华人民共和国教师法》第三条指出:"教师是履行教育教学职责的专业人员。"

在教师职业发展的专业化阶段,教师的素质结构发生的主要变化是教师的教育素质由重视掌握笼统的教育经验转变为重视学习精深的教育理论。国际劳工组织和联合国教科文组织所说的教师应具备的"经过严格而持续不断的研究才能获得并维持的专门知识"主要不是指教师"教什么"的学科知识,而是教师"怎么教"的教育知识。教师获得这些知识的主要途径不是观察和模仿,而是系统的阅读和听讲。

教师职业发展的专业化阶段与教育学科的蓬勃发展有重要关系。从世界范围来说,20世纪50年代以来,美国心理学家布卢姆的教育目标分类理论、美国教育心理学家布鲁纳的认知结构学习理论、苏联心理学家和教育家赞科夫的教育与发展理论、苏联教育家巴班斯基的教学过程最优化理论等都对教育学的深化起到了重要推进作用。在我国,近几十年来,教育学科也得到迅速发展,形成了普通教育学、学前教育学、高等教育学、职业教育学、成人教育学、特殊教育学、课程论、教学论、德育论等分支学科,并形成了教育心理学、教育哲学、教育统计学、教育经济学、教育社会学、教育管理学以及众多学科教育学等交叉学科,还出现了教育技术学、教育人类学等学科。上述理论为教师提供了从事教育工作所需要的专门知识及技能。

教师职业的发展历程昭示了教师的素质结构发生了由重视"教什么"的素质转变为重视"怎么教"的素质;在"教什么"的素质中,发生了由重视笼统的经验转变为重视抽象的理论;在"怎么教"的素质中,发生了由重视教育经验转变为重视教育理论。然而,这并不意味着在当前教师职业的专业化阶段,教师的素质中只有教育理论素质重要,而教育经验、学科知识乃至生产和生活经验无关紧要,而是意味着时代的发展对教师素质提出了更高的要求。

第二节 小学教师专业发展的内涵

一、专业的内涵

《现代汉语词典》对专业的解释有三个:一是高等学校的一个系里或中等专业学校里,根据科学分工或生产部门分工把学业分成的门类;二是产业部门中根据产品生产的不同过程而分成的各业务部门;三是专门从事某种工作或职业。① 专业的第一个含义属于教育学领域,第二个含义属于经济学领域,第三个含义属于社会学领域。在此,专业的含义是从社会学领域来界定的。从社会学角度来说,专业属于职业范畴,它是一种特殊的职业,因此,要了解专业的内涵,必须先了解职业的内涵。

1991年出版的《中国大百科全书·社会学》对职业的界定是:职业是随着社会分工而出现的,并随着社会分工的稳定发展而构成人们赖以生存的不同的工作方式。② 有了社会分工,才出现职业,职业发展到一定程度,才出现专业。根据工作的复杂程度和重要程度,职业分为普通职业和专门职业,而专业就是专门职业的简称。社会学一般认为,专业是指一群人经过专门教育或训练,具有较高深和独特的专门知识和技术,按照一定的专业标准进行专门化的处理活动,从而解决人生和社会问题,促进社会进步,并获得相应报酬和社会地位的专门劳动活动。

在日常用语中,专业常与职业、事业相提并论,用以界定工作的性质。在这里,这三个概念都是在狭义上使用的。所谓职业,是指那些强调获取报酬、赖以谋生的工作;所谓事业,是指那些强调为他人或社会做奉献的工作;所谓专业,是指那些强调运用专门知识和技术的工作。某种工作或许同时具有上述两个或三个特点,由于从事该工作的人所强调的重点不同,该工作就具有了不同的性质。本书侧重于从严谨的学术角度来使用专业概念,即尽可能从广义角度全面地分析和看待专业的内涵。

二、专业的特征

当代社会分工愈来愈细,职业种类也愈来愈多。然而,能够成为专业的职业只是少数。根据2000年出版的《中华人民共和国职业分类大典》,我国现有职业1 838种,其中,专业有379种,占20.6%。

专业是专门职业,是高级职业,是职业发展到较高阶段的产物,几乎所有职业的从业者都希望本职业能够成为一种专业。然而,专业既不是自封的,也不是他封的,能够成为专业需要具有一系列的特征。关于专业的特征,社会学家一般是从医生、律师等成熟专业概括而来的。由于侧重点不同,不同的学者往往对专业的特征有不同的界定。

美国学者利伯曼认为,专业的特征主要包括以下方面:

(1) 范围明确,垄断地从事社会不可缺少的工作。

(2) 运用高度的理智性技术。

(3) 需要长期的专业教育。

(4) 从业者无论个人还是集体都有广泛的自律性。

---

① 中国社会科学院语言研究所词典编辑室.现代汉语词典(2002年增补本)[Z].北京:商务印书馆,2002:1650.

② 中国大百科全书总编辑委员会《社会学》编辑委员会.中国大百科全书·社会学[M].北京:中国大百科全书出版社,1991:175.

(5) 在专业自律性范围内,直接负有做出判断、采取行为的责任。

(6) 非营利,以服务为动机。

(7) 形成综合性的自治组织。

(8) 拥有应用方式具体化的伦理纲领。①

我国学者刘捷认为,专业的特征主要有以下方面:

(1) 运用专门的知识和技能。

(2) 强调服务的理念和职业伦理。

(3) 经过长期的培养和训练。

(4) 需要不断地学习和进修。

(5) 享有有效的专业自治。

(6) 形成坚强的专业团体。②

比较来说,美国学者奥斯汀对专业特征的界定不仅更为详细,而且重点突出。下面,我们对该观点进行比较细致的分析。

(1) 服务于社会的意识,终生献身于职业的志向

该特征主要是对某一职业的从业者而言的,它强调的是从业者所应该具有的职业道德。该特征表现为从业者不仅爱岗敬业,而且充分认识到本职业对于社会所具有的重要功能。

(2) 仅为本行业的人所掌握的明确的知识技能体系

该特征主要是对某一职业的理论研究者而言的,它强调的是某一职业的理论研究者构建了有关本职业的精深的理论知识。这些理论知识具有系统性、普遍性、科学性,能够指导从业者有效开展职业实践。

(3) 将研究成果和理论知识运用于实践

该特征主要是对某一职业的从业者而言的,它强调的是某一职业的从业者要充分学习和掌握有关本职业的理论知识,并自觉将其运用于实践。

(4) 长时间的专门职业训练

该特征主要是对某一职业从业者的培养机构而言的,它强调的是培养机构用较长的时间对从业者进行专门的培养和训练。在知识技能不断更新的当下,长时间的专门职业训练既包括从业者入职前的专门培养和训练,也包括从业者入职后的培养和训练。

(5) 控制职业证书的标准或资格的认定

该特征主要是对某一职业的管理部门而言的,它强调的是某一职业的管理部门对进入本职业的从业者有一定的条件限制,目的是保证本职业的从业者具有较高的职业素质。

---

① [日]筑波大学教育学研究会. 现代教育学基础[M]. 钟启泉,译. 上海:上海教育出版社,1986:442.

② 刘捷. 专业化:挑战21世纪的教师[M]. 北京:教育科学出版社,2003:62-64.

(6) 拥有选择工作范围的自主权

该特征主要是对某一职业的管理部门而言的,它强调的是管理者应该尊重从业者根据自己的专长选择工作范围的权力。

(7) 对所做出的专业判断和行为表现负责,设立一套行为标准

该特征主要是对某一职业的从业者而言的,它强调的是从业者在拥有专业自主权的同时,要承担责任。另外,该特征也强调某一职业的管理部门应该制定本职业的行为标准,以便用其来评价从业者的职业行为。

(8) 致力于工作和为当事人服务,强调所提供的服务

该特征主要是对某一职业的从业者而言的,它强调的是从业者对于服务对象所应该具有的职业道德。该特征与第一个特征都强调从业者应该具有高尚的职业道德,二者的不同在于,第一个特征强调从业者要具有服务社会的职业动机,而该特征强调从业者要具有服务当事人的职业动机。

(9) 安排行政人员是为方便专业工作,而非事无巨细的岗位监督

该特征主要是对具体管理者而言的,它强调的是具体管理者应该尊重从业者在开展职业行为过程中的自主权,应充分信任从业者,允许从业者在实践过程中灵活运用专门知识及专门技能。

(10) 专业人员组成自我管理组织

该特征主要是对某一职业的管理者而言的,这里的管理者不是行政层面的管理者,而是专业层面的管理者,该管理者组织本职业的从业者形成专业组织,为本职业的从业者提供专业服务,并进行专业内的自我管理。

(11) 专业协会或特权团体对个人的成就给予认可

该特征主要是对某一职业的管理者而言的,这里的管理者也不是行政层面的管理者,而是专业层面的管理者,它强调的是专业管理者对从业者的职业成就进行评价,决定从业者的职务或职级晋升。这里的专业协会或特权团体一般以专业人员组成的自我管理组织为主。

(12) 一套伦理规范以帮助澄清与所提供服务有关的模糊问题或疑难点

该特征主要是对某一职业的管理者而言的,该管理者可能是行政层面的管理者,也可能是专业层面的管理者,或者是二者的结合。它强调的是管理者制定本职业的伦理规范,以指导、约束和评价从业者的职业道德状况。

(13) 从业中高度的公众信任和自信

该特征主要是对公众和从业者而言的。对从业者来说,自信意味着有很高的自我效能感,相信自己有能力应对职业情境,能够顺利开展职业实践,有效处理职业问题,圆满履行职业责任。对公众而言,由于从业者能够有效运用专门知识和技能,很好地履行职责,公众对从业者充分尊重和信任。

(14) 较高的社会声誉和经济地位

该特征主要是对某一职业的管理部门而言的。所谓较高的经济地位,是指某一

职业的管理部门能够给予该职业的从业者更多的经济回报,使其获得更多的物质报酬。所谓较高的社会声誉,主要是指某一职业的管理者能够给予该职业的从业者舒适的工作和生活环境,能够使其体面地、有尊严地工作和生活。

在以上诸多特征中,奥斯汀认为,作为一门专业,最为重要的特征是其中的四个,即有完善的专门知识和技能体系作为专业人员从业的依据;对证书的颁发标准和从业条件有完整的管理和控制措施;对于职责范围内的事情有自主决策的权力;有相当高的社会声望和经济地位。①

关于专业的最为核心的特征,绝大多数学者认为是从业者掌握外行人所不知道的高深的专门知识。正是由于从业者拥有这种知识,他们才需要接受长时间的专门培养和训练,他们才能依据自己的专门知识自主地开展职业实践,他们才需要由专门的组织来评价其职业成就,同时,他们也才需要有更高的职业道德,以保证自己不滥用自己的专门知识。

从专业所具有的上述特征可以看出,教师职业的专业化水平还不高,教师职业还处于半专业或准专业水平,与护士职业的专业化水平大致相当。有学者认为,教师职业的专业化水平不高的主要原因如下:

(1) 肤浅的百科全书式的知识和技术,缺乏作为一种专业所应该具有的独特性和严密性。

(2) 工作的内容和展开程序有详细而具体的规定,自由时间和工作的独立性太少。

(3) 教师的修业年限短。

(4) 教师资格证太容易获得。

(5) 出身阶层多是社会中流下层或下流上层。

(6) 经济待遇低等。②

三、小学教师专业发展的内涵

在教师教育研究领域,与教师专业发展相近的概念有许多,如"教师专业化"、"教师专业化发展"、"教师成长"、"教师专业成长"、"教师专业化成长"等。因为概念是组成理论的最基本的要素,所以,如此多的近义的概念在一定程度上说明教师专业发展理论研究的不成熟性。在以上概念中,"教师专业发展"、"教师专业化"和"教师专业化发展"三个概念出现频率较高,在教师职业发展到专业化阶段后,这三个概念也更具有时代性。下面,我们着重探讨小学教师专业发展这一概念的内涵,兼对另外两个概念进行分析。

小学教师专业发展的内涵有广义和狭义之分。广义地说,小学教师专业发展是

---

① 陈永明.现代教师论[M].上海:上海教育出版社,1999:173.
② [日]筑波大学教育学研究会.现代教育学基础[M].钟启泉,译.上海:上海教育出版社,1986:443.

指小学教师的专业性不断得到提升的过程，它包括两方面的含义。

一方面，小学教师专业发展是指小学教师职业的专业性不断得到提升的过程，即小学教师职业从非专业或半专业逐渐发展成为一门专业的过程。在该含义中，小学教师专业发展是一个社会学概念，该概念等同于小学教师专业化，而小学教师专业化是小学教师职业专业化的简称。该含义主要是从社会分工角度界定小学教师职业专业化的过程，它强调的是小学教师群体的、外在的专业性的提升。该含义把小学教师视为社会分层中的一个阶层，小学教师专业发展的主要目标是争取小学教师职业的专业地位，力求小学教师阶层实现集体的向上的社会流动。

另一方面，小学教师专业发展是指小学教师素质的专业性不断得到提升的过程，即小学教师逐渐从新手型教师成长为专家型教师的过程。在该含义中，小学教师专业发展是一个教育学概念，它强调的是小学教师个体的、内在的职业素质水平的不断提升。

狭义地说，小学教师专业发展专指小学教师素质的专业性不断得到提升的过程，而小学教师专业化专指小学教师职业的专业性不断得到提升的过程。在当前教师教育领域，这两个概念一般在狭义层面上使用。在狭义层面上，小学教师专业化和小学教师专业发展并不是两个截然分开的概念，二者不是并列关系，而是包含关系。在一定程度上说，小学教师专业化概念包含小学教师专业发展概念。虽然小学教师专业化强调小学教师群体的、外在的专业性的提升，但是，该群体的、外在的专业性的提升必然离不开每一位小学教师个体的、内在的素质水平的提升。从前文对专业特征的描述中也能够看到，作为一门专业，其从业者必须具有较高的多方面的职业素质。另外，小学教师专业化强调争取小学教师职业的专业地位，追求小学教师阶层实现集体的向上的社会流动，然而，要实现这些目标，又必须以每一个小学教师个体的内在的高素质为前提条件。概括来说，小学教师职业要实现专业化，要从非专业或半专业逐渐发展成为一门专业，必然要求小学教师专业发展，即要求小学教师个人素质的提升。如果绝大多数小学教师的个人素质很低，那么，小学教师这一职业很难成为一种专业。当然，绝大多数小学教师个人素质很高，小学教师这一职业也未必就能够成为一门专业，小学教师专业化还包括其他外在的条件，如给予小学教师专业自主权、给予小学教师较高的经济地位等。

虽然"小学教师专业化发展"概念的使用频率较高，但严谨地说，该概念不够严密。从语法角度说，"化"和"发展"都具有动词性，且含义相近，因此，不宜将这两个词并用。从内容角度说，如果"小学教师专业化发展"概念指的是小学教师职业的专业性不断得到提升的过程，那么，就可以删掉"发展"，而用"小学教师专业化"概念。如果"小学教师专业化发展"概念指的是小学教师素质的专业性不断得到提升的过程，那么，就可以删掉"化"，而用"小学教师专业发展"概念。

需要说明的是，为了使"小学教师专业发展"概念内涵更为丰富，本书倾向于在广义上使用该概念，在此基础上，根据具体的探讨内容选择该概念所侧重的不同方面。

第三节 小学教师专业发展的取向

取向即作为主体的人对人或事物所持有的倾向。在这里,小学教师专业发展的取向指的是小学教师专业发展在策略选择方面的倾向。概括来说,小学教师专业发展的取向大致包括以下五种。

一、工会主义取向

工会是工人协会、工人联合会等工人组织的简称,工会的核心功能是维护工人的正当权益。小学教师专业发展的工会主义取向意味着小学教师通过工会组织,凝聚教师集体的力量,采取协商、谈判乃至罢课等手段,谋求社会对小学教师专业地位的认可与尊重,维护小学教师的合法权益,促进小学教师群体的经济地位和工作条件等方面的改善。

从前文关于专业特征的阐述可以看出,小学教师的经济地位、社会声誉、专业自主权等是小学教师专业发展的重要特征。在现实社会中,某一群体的利益主要是通过自身努力争取而来的,而在争取的过程中,个人的力量往往势单力薄,当众多个人团结起来,就会形成"压力集团",从而更能有力地维护群体的利益。因此,从有效性角度说,小学教师专业发展的工会主义取向是小学教师专业发展的一种重要取向。据统计,1968 至 1979 年间,美国教师平均每年举行 140 次左右罢工,参加罢工的教师近百万人。

教师群体的合法权益受到侵害的情况是客观存在的。譬如,2013 年某中学对于女教师怀孕做出了以下规定:

> 本着维护学校的正常教育秩序和学校当前发展的需要,根据《中华人民共和国计划生育法》和学校的具体规定,制定如下意见。其中第三项规定:为了保证正常教学,每学期每个学科只能有一名女教师有生育指标,已婚女教师要根据学校的教学工作安排,做到有计划怀孕,准备怀孕的女教师必须提前一学期向校长室提出书面申请,经学校行政会议,校长审批签字方可怀孕。随后,还列出了不按规定生育者的处罚规定。[①]

---

① 韦轶婷. 中学规定女教师怀孕需校长签字同意[EB/OL]. http://news.sina.com.cn/s/2013-04-24/162826935787.shtml.

显然,该学校的这一规定侵害了女教师的正当生育权,损害了教师群体的社会声誉,阻碍了教师专业发展。

当正当权益受到侵害时,一些教师往往仅仅依靠个人力量寻找对策,甚至为此付出巨大的代价。以下案例生动地说明了这一点。

丹东一竞聘文件搅起教师集体离婚潮

同兴镇位于辽宁省东部的丹东市,镇子不大,只有81名小学教师。

今年8月,丹东市振安区教育局制定并下发了《关于振安区中小学人员聘用制实施办法》。就是这份2006第50号文件,将同兴镇教师原本宁静的校园生活突然搅进了漩涡。

据振安区教育局局长赵溪哲介绍,全区共有1 065名小学教师,超编98人。缩小到同兴镇,超编11人。同兴镇一名副镇长说,今年同兴镇中心小学有两名教师退休,也就是说这次竞聘后,将有9名教师不能上岗。

面对10%的下岗指标,教师们内心十分恐慌,纷纷为自己的前程寻找对策。

教师们终于发现了教育局50号文件有可乘之机。文件第十七条第三款中规定,"离异或丧偶且抚养未成年子女的",可以不用竞聘直接上岗。

正是文件中的这个条款,让全镇五十多名教师上演了集体离婚的闹剧。①

教师超编是一个现实问题,解决该问题的方法有许多,然而,不论哪种方法都不能侵害教师的正当权益。在上述案例中,当自己的权益受到侵害时,众多小学教师选择用个人所谓的"聪明"方法来维护自己的权益,但为此付出巨大的代价,而没有想到团结起来,依靠群体的力量,合理而有效地维护自己的权益。

小学教师专业发展的工会主义取向在一定程度上对于促进小学教师专业发展具有重要作用,但该取向也有较大的局限性。主要表现为:一方面,无论在哪个国家、哪个时代,教育总是国家机器的一部分,国家总是要对教育进行比较直接和比较严格的管理和控制。从这方面来说,小学教师通过工会组织,采用谈判乃至罢课途径来促进群体的专业发展的做法明显具有较大的局限。另一方面,小学教师专业发展的工会主义取向主要是从争取本群体较高的经济地位、社会声誉、专业自主权等方面来促进自身专业发展的,然而,这些方面是与小学教师高质量的专业服务分不开的,是与小学教师群体的高素质分不开的,而该取向对于这些方面未能给予足够的重视。

---

① 佚名.丹东一竞聘文件搅起教师集体离婚潮[EB/OL]. http://news. xinhuanet. com/edu/2006 - 09/18/content_5104295. htm.

二、专业主义取向

小学教师专业发展的专业主义取向意味着由与小学教师有关的专业组织,制定小学教师专业的各种规定,然后,运用这些规定,管理、监督、评价小学教师的专业素质和行为,并做出相应的处理办法,从而促进小学教师整体素质的提升。

在小学教师专业发展的专业主义取向中,负责制定各种规定的主体是与小学教师有关的教师专业组织,在该教师专业组织不完善的情况下,该取向往往将教师专业组织和教育行政管理部门相结合作为制定各种规定的主体,或者以教育行政部门为主体,组织与小学教师有关的教育研究人员制定各种规定。譬如,在我国,有关小学教师的各种专业规定往往是以教育部为主体,教育部组织教育研究人员编写各种规定,再由教育部颁布实施。

在小学教师专业发展的专业主义取向中,用于管理、监督、评价小学教师的规定主要包括与小学教师有关的教师教育机构认证制度、教师资格制度、教师资格定期注册制度、教师专业标准等。本书在这里集中探讨与小学教师专业发展有直接关系的教师资格制度。

我国中小学教师资格制度始于1993年,该年颁布的《中华人民共和国教师法》规定"国家实行教师资格制度"。中小学教师资格制度主要包括教师资格的获得和教师资格的保持两个方面。对此,我国教育部在2013年专门颁布了以下具体的实施办法。

教育部关于印发《中小学教师资格考试暂行办法》《中小学教师资格定期注册暂行办法》的通知

教师〔2013〕9号

各省、自治区、直辖市教育厅(教委),新疆生产建设兵团教育局:

为确保中小学教师资格考试和定期注册改革扩大试点工作平稳顺利实施,现将《中小学教师资格考试暂行办法》《中小学教师资格定期注册暂行办法》印发给你们,请结合本地实际情况,认真执行。扩大改革试点实施过程中遇有重要情况,请及时报送我部教师工作司。

教育部
2013年8月15日

中小学教师资格考试暂行办法

第一章 总 则

第一条 为建立国家教师资格考试制度,严格教师职业准入,保障教师队伍质量,依据《教师法》《教师资格条例》和《国家中长期教育改革和发展规划纲要(2010—2020年)》,制定本办法。

第二条 中小学教师资格考试(以下简称教师资格考试)是评价申请教师资格人员(以下简称申请人)是否具备从事教师职业所必需的教育教学基本素质和能力的考试。

第三条 承担教师资格考试改革试点的省(区、市)组织实施教师资格考试,适用本办法。

第四条 参加教师资格考试合格是教师职业准入的前提条件。申请幼儿园、小学、初级中学、普通高级中学、中等职业学校教师和中等职业学校实习指导教师资格的人员须分别参加相应类别的教师资格考试。

第五条 教师资格考试实行全国统一考试。考试坚持育人导向、能力导向、实践导向和专业化导向,坚持科学、公平、安全、规范的原则。

第二章 报考条件

第六条 符合以下基本条件的人员,可以报名参加教师资格考试:

(一)具有中华人民共和国国籍;

(二)遵守宪法和法律,热爱教育事业,具有良好的思想品德;

(三)符合申请认定教师资格的体检标准;

(四)符合《教师法》规定的学历要求。

普通高等学校在校三年级以上学生,可凭学校出具的在籍学习证明报考。

第七条 申请人应在户籍或人事关系所在地报名参加教师资格考试。普通高等学校在校生可在就读学校所在地报名参加教师资格考试。

第八条 试点省份试点工作启动前已入学的全日制普通高校师范类专业学生,可以持毕业证书申请直接认定相应的教师资格。试点工作启动后入学的师范类专业学生,申请中小学教师资格应参加教师资格考试。

第九条 被撤销教师资格的,5年内不得报名参加考试;受到剥夺政治权利,或故意犯罪受到有期徒刑以上刑事处罚的,不得报名参加考试。曾参加教师资格考试有作弊行为的,按照《国家教育考试违规处理办法》的相关规定执行。

第三章 考试内容与形式

第十条 教师资格考试包括笔试和面试两部分。

第十一条 笔试主要考查申请人从事教师职业所应具备的教育理念、职业道德、法律法规知识、科学文化素养、阅读理解、语言表达、逻辑推理和信息处理等基本能力;教育教学、学生指导和班级管理的基本知识;拟任教学科领域的基本知识,教学设计实施评价的知识和方法,运用所学知识分析和解决教育教学实际问题的能力。

第十二条　笔试主要采用计算机考试和纸笔考试两种方式进行。采用计算机考试和纸笔考试的范围和规模,根据各省(区、市)实际情况和条件确定。

第十三条　幼儿园教师资格考试笔试科目为《综合素质》《保教知识与能力》2科;小学教师资格考试笔试科目为《综合素质》《教育教学知识与能力》2科;初级中学、普通高级中学教师和中等职业学校文化课教师资格考试笔试科目为《综合素质》《教育知识与能力》《学科知识与教学能力》3科;中等职业学校专业课教师和实习指导教师资格考试笔试科目为《综合素质》《教育知识与能力》《专业知识与教学能力》3科。

中等职业学校教师的《专业知识与教学能力》科目测试,暂由各省(区、市)自行命题和组织实施。

第十四条　面试主要考查申请人的职业认知、心理素质、仪表仪态、言语表达、思维品质等教师基本素养和教学设计、教学实施、教学评价等教学基本技能。

第十五条　面试采取结构化面试、情境模拟等方式,通过抽题、备课(活动设计)、回答规定问题、试讲(演示)、答辩(陈述)、评分等环节进行。

第十六条　国家确定笔试成绩合格线,省级教育行政部门确定面试成绩合格线。

第十七条　考生在笔试和面试成绩公布后,可通过教师资格考试网站查询本人的考试成绩。考生如对本人的考试成绩有异议,可在考试成绩公布后10个工作日内向本省(区、市)教师资格考试机构提出复核申请。

第十八条　笔试单科成绩有效期为2年。笔试和面试均合格者由教育部考试中心(教育部教师资格考试中心)颁发教师资格考试合格证明。教师资格考试合格证明有效期为3年。教师资格考试合格证明是考生申请认定教师资格的必备条件。

第四章　考试实施

第十九条　笔试一般在每年3月和11月各举行一次。面试一般在每年5月和12月各举行一次。

第二十条　省级教师资格考试机构按照《中小学教师资格考试考务工作规定》《中小学教师资格考试机考考务细则》组织实施笔试考务工作;按照《中小学教师资格考试面试工作规程》,制定面试实施细则,组织实施面试工作。

第二十一条　省级教师资格考试机构使用教师资格考试考务管理信息系统进行笔试和面试的报名受理、考点设置、考场编排等考务管理工作。

第二十二条　笔试和面试考生通过教师资格考试网站进行报名后,需携带省级教师资格考试机构规定的相关材料,到指定考点进行报名审核,并现场确认报考信息。

考生笔试各科成绩合格并在有效期内的,方可报名参加面试。

第二十三条　省级教师资格考试机构组织开展本省(区、市)考务相关人员的安全保密教育和考务流程培训工作。

第二十四条　笔试和面试机考软件系统的使用实行首席技术负责人制度,采取分级培训方式进行。

第二十五条　面试一般按学科分组进行。每个考评组由不少于3名考官组成,设主考官1名。

第二十六条　面试考官由高校专家、中小学和幼儿园优秀教师、教研机构专家等组成。面试考官须具备以下条件:

(一)熟悉教师资格考试相关政策;

(二)具有良好的职业道德,公道正派,身体健康;

(三)具有扎实的专业知识、较强的分析概括能力、判断能力和语言表达能力;

(四)从事相关专业教学或研究工作5年以上,一般应具有副高级以上专业技术职务(职称);

(五)参加省级或国家级教师资格考试机构组织的培训并获得证书。

第二十七条　各级教育行政部门及教师资格考试机构不得组织教师资格考试培训。

第五章　考试安全与违规处罚

第二十八条　省级教师资格考试机构根据《中小学教师资格考试应急处置预案实施办法(试行)》处置和应对考试期间的突发事件。

第二十九条　对试题命制、考务管理、监考等考试相关人员发生的违规行为按照《保守国家秘密法》《国家教育考试违规处理办法》进行处罚。情节严重,构成犯罪的,由司法机关依法追究刑事责任。

第三十条　对考生违规行为按照《国家教育考试违规处理办法》认定和处理。

第六章　组织管理

第三十一条　教育部依据教师专业标准和教师教育课程标准,制订教师资格考试标准,组织审定教师资格考试大纲。教育部考试中心(教育部教师资格考试中心)负责教师资格考试的组织实施。主要职责是:

(一)依据考试标准拟定考试大纲;

(二)组织命制笔试和面试试题,建设试题库;

(三)制定考务管理规定,研发和维护考试管理系统;

(四)组织考务工作,培训技术人员;

(五)组织阅卷,负责考试成绩管理与评价;

（六）指导、监督、检查各省、自治区、直辖市考试实施工作。

第三十二条 省级教育行政部门全面负责本行政区域内教师资格考试工作。可成立教师资格考试领导小组，由省级教育行政部门的主要领导兼任领导小组组长。指定专业化教育（教师资格）考试机构，在省级教育行政部门领导下具体负责考务组织工作，主要职责是：

（一）制定本地区考务管理具体措施；

（二）组织本地区考务工作；

（三）组织面试考官及考务工作人员培训；

（四）管理、指导、监督本行政区域各考区工作；

（五）负责本行政区域教师资格考试安全保密工作。

第三十三条 教师资格考试以市（地、州、盟）为单位设立考区。各考区的教师资格考试的组织实施由市（地、州、盟）教育行政部门和教师资格考试机构负责。

第三十四条 教师资格考试费用按照财政部、国家发展改革委《关于同意收取教师资格考试考务费等有关问题的通知》（财综〔2012〕41号）规定收取。

第七章 附 则

第三十五条 省级教育行政部门可以依据本办法制定实施细则，并抄送教育部。

第三十六条 本办法自发布之日起实施。

中小学教师资格定期注册暂行办法

第一章 总 则

第一条 为完善教师资格制度，健全教师管理机制，建设高素质专业化教师队伍，根据《教师法》《教师资格条例》和《国家中长期教育改革和发展规划纲要（2010—2020年）》，制定本办法。

第二条 教师资格定期注册是对教师入职后从教资格的定期核查。中小学教师资格实行5年一周期的定期注册。定期注册不合格或逾期不注册的人员，不得从事教育教学工作。

第三条 承担中小学教师资格定期注册改革试点的省（区、市）组织实施教师资格定期注册工作，适用本办法。

第四条 中小学教师资格定期注册的对象为公办普通中小学、中等职业学校和幼儿园在编在岗教师（以下简称教师）。

省级教育行政部门可根据本地教师队伍建设的实际需要，将依法举办的民办普通中小学、中等职业学校和幼儿园教师纳入定期注册范围。

第五条 教师资格定期注册应与教师人事管理工作紧密结合,将严格教师考核和促进教师专业发展作为重要的工作目标。定期注册应坚持以人为本、科学规范和公开公平公正原则,客观体现教师职业道德、业务水平和工作业绩情况。

第六条 国务院教育行政部门主管教师资格定期注册工作。县级以上地方教育行政部门负责本地教师资格定期注册的组织、管理、监督和实施。

第二章 注册条件

第七条 申请首次注册的,应当具备下列条件:

(一)具有与任教岗位相应的教师资格;

(二)聘用为中小学在编在岗教师;

(三)省级教育行政部门规定的其他条件。

对于首次任教人员须试用期满且考核合格。

第八条 满足下列条件的,定期注册合格:

(一)遵守国家法律法规和《中小学教师职业道德规范》,达到省级教育行政部门规定的师德考核评价标准,有良好的师德表现;

(二)每年年度考核合格以上等次;

(三)每个注册有效期内完成不少于国家规定的360个培训学时或省级教育行政部门规定的等量学分;

(四)身心健康,胜任教育教学工作;

(五)省级教育行政部门规定的其他条件。

第九条 有下列情形之一的,应暂缓注册:

(一)注册有效期内未完成国家规定的教师培训学时或省级教育行政部门规定的等量学分;

(二)中止教育教学和教育管理工作一学期以上,但经所在学校或教育行政部门批准的进修、培训、学术交流、病休、产假等情形除外;

(三)一个注册周期内任何一年年度考核不合格。

暂缓注册者达到定期注册条件后,可重新申请定期注册。具体办法由省级教育行政部门根据实际情况制定。

第十条 有下列情形之一的,注册不合格:

(一)违反《中小学教师职业道德规范》和师德考核评价标准,影响恶劣;

(二)一个定期注册周期内连续两年以上(含两年)年度考核不合格;

(三)依法被撤销或丧失教师资格。

第三章 注册程序

第十一条 取得教师资格,初次聘用为教师的,试用期满考核合格之日起60日内,申请首次注册。经首次注册后,每5年应申请一次定期注册。

第十二条　教师资格定期注册须由本人申请,所在学校集体办理,按照人事隶属关系报县级以上教育行政部门审核注册。

第十三条　教师应当在定期注册有效期满前60日内,申请办理下一次教师资格定期注册。定期注册实行网上申请。

第十四条　申请教师资格定期注册,应当提交下列材料:

(一)《教师资格定期注册申请表》一式2份;

(二)《教师资格证书》;

(三)中小学或主管部门聘用合同;

(四)所在学校出具的师德表现证明;

(五)5年的各年度考核证明;

(六)省级教育行政部门认可的教师培训证明;

(七)省级以上教育行政部门根据当地实际要求提供的其他材料。

申请首次注册的,应当提交上述(一)(二)(四)(七)项材料,同时提交试用期考核合格证明。

第十五条　对于本办法实施之日前已获得教师资格证书的中小学在编在岗教师,首次注册的办法由省级教育行政部门规定。

第十六条　定期注册工作不收取教师和学校任何费用。

第十七条　县级以上教育行政部门在受理注册申请终止之日起90个工作日内,对申请人提交的材料进行审核并给出注册结论。注册结论应提前进行公示。

第十八条　县级教育行政部门负责申报材料的初审,提出注册结论的建议;地市级教育行政部门负责申报工作的复核;省级教育行政部门对注册申请进行终审,并在全国中小学教师资格定期注册管理信息系统中填报注册结论及有关信息。

第十九条　县级以上教育行政部门将申请人的《教师资格注册申请表》一份存入个人人事档案,一份归档保存。同时在申请人《教师资格证书》附页上标明注册结论。

第四章　罚　则

第二十条　申请人隐瞒有关情况或提供虚假材料申请教师资格注册的,视情况暂缓注册或注册不合格,并给予相应处罚;已经注册的,应当撤销注册。

第二十一条　所在学校未按期如实提供申请人定期注册证明材料的,上级教育行政部门应当责令改正,对直接负责的主管人员和其他直接责任人依法给予行政处分。

第二十二条　地方教育行政部门实施定期注册,有下列情形之一的,由其上级教育行政部门或者监察机关责令改正,对直接负责的主管人员或者

其他直接责任人员依法给予行政处分:

(一)对不符合教师定期注册条件者准予定期注册的;

(二)对符合教师定期注册条件者不予定期注册的。

第二十三条　注册范围内的教师无故逾期不申请定期注册,按照注册不合格处理。

第五章　附　则

第二十四条　教师资格定期注册申请人对定期注册结果有异议的,可依法提出申诉或者行政复议。

第二十五条　省级教育行政部门可以依据本办法制定实施细则,并抄送教育部。

第二十六条　本办法自发布之日起施行。

小学教师资格制度规定只有持有小学教师资格的人才能够从事小学教育工作,因而小学教师资格考试制度就从"入口"对小学教师群体的专业素质起到了重要的保证作用,它能够使从教素质不高的人不能进入到小学教师职业。当前我国小学教师资格考试制度开始实行师范生也需要参加小学教师资格考试的规定,由于获得小学教师资格的师范毕业生比例是评估职前教师教育机构办学水平的重要指标之一,因此,师范生参加小学教师资格考试对于促进我国小学教育专业的职前教师教育机构办学水平的提高具有重要的现实意义。

由于获得小学教师资格的人数远多于小学所需要的人数,因此,当前我国小学教育招聘教师还实行入编考试制度。客观地说,小学教师入编考试的难度要大于小学教师资格考试的难度。小学教师入编考试制度进一步提高了小学教师职业的门槛,进一步促进了小学教师群体专业素质的提升。

小学教师资格定期注册制度是针对已经获得小学教师编制的在岗小学教师所采取的教师素质保证制度。它规定在岗小学教师必须接受每5年一次的定期考核,考核内容包括师德、五年内完成不少于县级以上教育行政部门认定的360个继续教育培训学时、业务考核及教学工作量考核等,不达标者将不予注册。该制度使小学教师资格告别"终身制",通过定期考核使不合格的小学教师退出教师队伍,因此,该制度畅通了小学教师的"出口",从而进一步保证了小学教师队伍的整体质量。

小学教师专业发展的专业主义取向强调运用与小学教师专业有关的理论工作者所制定的各种专业标准,来选择、评价和管理小学教师专业发展状况,该取向的宗旨是运用明确的专业标准把低素质的人排除在小学教师群体之外,从而提高小学教师群体的专业素质水平。由于由专业的理论工作者所制定的小学教师专业标准具有较强的科学性,而且在该取向策略的运用时往往借助国家的行政力量和法律力量,因而,该取向在推进小学教师专业发展过程中能够发挥巨大作用。

然而,小学教师专业发展的专业主义取向也存在不足之处。一方面,该取向过分注重制定各种标准来选拔或淘汰小学教师,但对小学教师如何达到这些标准则关注不够,也就是说,该取向重视结果和评价,而轻视过程和发展。另一方面,该取向过分强调通过外在的各种标准来评价小学教师,从而促进其专业发展,因而,该取向使得小学教师专业发展具有较强的被动性,而在被动状态下,小学教师难以实现有效的专业发展。

三、理论取向

小学教师专业发展的理论取向是指在促进小学教师专业发展的过程中,主要采用小学教师不断学习理论知识,并在实践中自觉运用理论知识的策略。这里的理论知识即小学教师作为专业人员所掌握的外行人知之甚少或不知道的专门的、精深的、系统的专业知识,它既包括"教什么"的学科专业知识,又包括"怎么教"的教育专业知识。由于小学阶段的学科知识相对较为浅显,因而,小学教师的专门知识以教育专业知识为主。

小学教师专业发展的理论取向的必要性建立在专业所具有的特征基础之上。前文已经提到,作为一门专业,其从业者必须要掌握和运用专门的知识,该特征还被众多学者认为是专业的最为核心的特征。1996年,加拿大学者哈格里夫斯(Hargreaves)在循证医学的启发下提出循证教育学概念,他认为教师与医生的实践决策有相当程度的一致,然而,医生在决策时会遵循严格的科学证据,而教师却更多依赖个人经验。为了促进教师专业化,教师必须向医生学习,严格遵循研究证据开展实践。① 因此,要使小学教师职业真正成为一门专业,要使小学教师真正成为专业人员,小学教师要想获得真正的专业发展,就必须自觉地学习和运用本专业的理论知识。换言之,如果排斥理论,拒绝理论,仅仅凭借经验开展教育实践,那么,小学教师就不可能获得专业发展,就不能被称为专业人员。

小学教师专业发展的理论取向的可能性建立在小学教师所需要的理论知识已经存在的基础之上。从前文所说的教育学科的发展状态可以看出,当前教育学科已经形成了普通教育学、学前教育学、高等教育学、职业教育学、成人教育学、特殊教育学、课程论、教学论、德育论等分支学科,并形成了教育心理学、教育哲学、教育统计学、教育经济学、教育社会学、教育管理学以及众多学科教育学等交叉学科,还出现了教育技术学、教育人类学等学科。上述学科的形成说明小学教师所需要的理论知识是已经存在的。关于这一方面,美国学者波林纳指出,正是知识和技能使医学和法律专业拥有今天的社会地位和社会权力,而"教育研究也已做好了充分的准备为教学专业带来那样的力量"②。我们认为,当前小学教师专业发展所需要的理论知识虽然不十分成熟,但还是比较丰富的,关键是小学教师要充分认可理论知识对于自身专业发展的

---

① 杨文登,叶浩生.缩短教育理论与实践的距离:基于循证教育学的视野[J].教育研究与实验,2010(3).
② 教育部师范教育司.教师专业化的理论与实践[M].北京:人民教育出版社,2003:28.

作用,从而提高学习和运用理论知识的自觉性。

小学教师专业发展的理论取向强调小学教师要接受理论知识的指导和建议,要重视专业引领对自身专业发展的促进作用。关于这一方面,本书将在后面的章节中进行探讨。

四、实践反思取向

小学教师专业发展的实践反思取向是指在促进小学教师专业发展的过程中,主要采用小学教师在实践之后不断对自己的实践进行反思的策略。

关于实践反思对于教师专业发展的重要作用,我国学者叶澜指出,一个教师写一辈子教案不可能成为名师,如果一个教师写三年教学反思就有可能成为名师。林崇德提出了一个优秀教师成长的公式,即优秀教师＝教育过程＋反思。美国学者波斯纳提出的教师成长公式更为经典,即教师成长＝经验＋反思。他指出:"没有反思的经验是狭隘的经验,至多只能成为肤浅的知识。如果教师仅仅满足于获得经验而不对经验进行深入的思考,那么他的教学水平的发展将大受限制,甚至会有所滑坡。"[1]在他看来,如果不进行反思,一位教师二十年的教学经验也许只是一年工作经验的第十九次重复,如此教师很难实现专业发展。

2002年6月26日,我国新教育实验的创始者朱永新发了一篇题为《朱永新成功保险公司开业启示》的帖子,具体内容如下:

朱永新成功保险公司开业启示[2]

好消息!

朱永新成功保险公司今天正式开业了!

现在保险业生意兴隆,什么人寿保险、财产保险、医疗保险、航空保险……可谓名目繁多,花样迭出。既然那么多的保险公司雨后春笋般冒出来,我今天也来凑个热闹,开一个成功保险公司。

本公司宗旨:确保客户利益,激励客户成功。

参保对象:不限。但尤其欢迎教育界人士,因为教育的成功是中华民族伟大复兴的基石。

投保金额:不限。从数元至数千元任您自选。欢迎万元以上大客户。

保期:十年。

投保条件:每日三省自身,写千字文一篇。一天所见、所闻、所读、所思,

---

[1] 王明平. 案例研究、实践反思与教师实践性智慧发展[J]. 中小学教师培训,2003(10).
[2] 朱永新. 朱永新成功保险公司开业启示[EB/OL]. http://blog.sina.com.cn/s/blog_827bbebb01016q5f.html.

无不可入文。十年后持3 650篇千字文(计三百六十万字)来本公司。

　　理赔办法：如投保方自感十年后未能跻身成功者之列，本公司以一赔百。即现投万元者可成百万富翁(或富婆)。

　　本公司只求客户成功，不以赢利为目的。所有利润将全部捐赠希望工程。

　　欢迎投保，欢迎垂询！

　　保单索取：webmaster@eduol.com.cn

从该帖子我们能够看出，朱永新高度重视反思和写作在教师专业发展中的作用。十年之后的2012年12月7日，朱永新的微博里发出这样一条信息：

　　前两天收到江苏灌云实验小学的侍作兵的短信。他告诉我，十年前在海门听了我一场新教育实验的报告，他和夫人杨海波当场就决定参加"成功保险公司"，坚持阅读和写作。结果，不到十年的时间，夫妻双双都评上了特级教师、中高职称。

该信息用个例形式在一定程度上验证了反思和写作对于教师专业发展的作用。需要指出的是，朱永新所说的教师的反思在内容上更为宽泛。

小学教师专业发展的实践反思取向的理论基础是实践知识理论。该理论认为，直接指导和支配教师教育行为的是教师所拥有的实践知识，因此，实践知识是小学教师专业发展的知识基础，而实践反思是小学教师完善实践知识的根本途径。从本质上说，实践反思即小学教师的自我反思，关于自我反思与小学教师专业发展的关系，本书将在后面的章节中进行探讨。

五、生态取向

　　生态取向中的"生态"是从生态学借用的概念。在生态学上，所谓生态，是指生物之间以及生物与非生物的环境之间的相互关系。小学教师专业发展的生态取向是指在促进小学教师专业发展过程中，主要采取教师之间相互合作的策略。

　　加拿大学者哈格里夫斯(Hargreaves)把学校中的教师文化分为四种：① 个人主义文化。在这种文化中，教师之间相互隔离，教师的主要精力用于处理自己的事务。② 分化的文化。在这种文化中，教师之间有了联系，但这种联系是一种消极的联系，即教师相互分立、相互对立，为争取权力和资源相互竞争。③ 合作的文化。在这种文化中，教师之间有积极而密切的联系，教师之间相互开放、相互信任、相互支持。④ 硬造的合作。在这种文化中，教师被要求围绕行政人员的意图与兴趣进行"合

作"。因此,教师的这种合作是一种虚假合作,是一种形式主义的合作。①

根据社会建构主义,个人主义文化难以有效促进小学教师专业发展。社会建构主义认为,虽然知识是个体主动建构的,而且只是个人经验的合理化,但这种建构也不是随意的建构,而是需要与他人磋商并达成一致,从而不断地调整和修正自己的认识,并且这种建构不可避免地受到当时社会文化因素的影响。根据社会建构主义,由于个人知识经验和视域的局限,个人不可能通过自己的认识而真正获得真理,真理应该是人与人之间达成共识,是人与人之间的视域融合,这也正是我国《学记》所说的"独学而无友,则孤陋而寡闻"。

根据博弈理论,合作文化要比分化文化更有助于小学教师专业发展。1994年,美国经济学家纳什由于在博弈论方面取得显著成果而获得诺贝尔经济学奖,纳什非常欣赏的一个博弈案例是"囚徒困境"。

博弈论中的"囚徒困境"

一位富翁在家中被杀,财物被盗。警方在此案的侦破过程中,抓到了两个犯罪嫌疑人,并从他们的住处搜出被害人家中丢失的财物。但是,他们矢口否认曾杀过人,辩称是先发现富翁被杀,然后顺手牵羊偷了些东西。为了获得杀人证据,审讯者分别对他们说:"如果你招供杀人,他不招供杀人,那么,你会因检举对方有功而被无罪释放,他会被判15年徒刑;如果你招供杀人,他也招供杀人,你们都被判10年;如果你不招供杀人,他招供杀人,他被无罪释放,你被判15年;如果你们都不招供杀人,会根据偷盗罪各判1年。"审讯结果是,两个人都招供杀人,各被判10年徒刑。

该案例告诉我们:在非合作状况下,每个人的理性选择,并不能获得个人所希望的最大结果;每个人的理性并不能导致集体理性;在互动过程中,与他人合作,不仅利人,而且利己。根据博弈理论,小学教师在专业发展过程中,不仅要竞争,而且要合作。

从本质上说,小学教师专业发展的生态取向所强调的教师之间的合作属于小学教师之间的同伴互助。关于同伴互助与小学教师专业发展的关系,本书将在后面的章节中进行探讨。

---

① 教育部师范教育司.教师专业化的理论与实践[M].北京:人民教育出版社,2003:30.

思考问题

1. 教师职业的发展历程对当前小学教师专业发展有什么启示？
2. 有人认为专业的核心特征是道德，有的认为专业的核心特征是知识，你更认同哪一种观点？
3. 小学教师专业化与专业发展是什么关系？
4. 当前我国小学教师为什么不喜欢阅读教育理论？
5. 理论在实践反思中的作用是什么？

第二章
小学教师专业标准

本章重点
- 教师专业标准的内涵
- 我国小学教师专业标准的结构

没有规矩,不成方圆;没有标准,无从评判。在当前我国,小学教师专业标准是国家对合格小学教师专业素质的基本要求,是小学教师实施教育教学行为的基本规范,是引领小学教师专业发展的基本准则,是小学教师培养、准入、培训、考核等工作的重要依据。因此,深入探讨小学教师专业标准对于促进小学教师专业发展具有重要的现实意义。

教师专业标准拓展阅读

第一节 教师专业标准概述

一、教师专业标准的内涵

《现代汉语词典》对"标准"的解释有两个:① 衡量事物的准则,如"技术标准"、"实践是检验真理的唯一标准"。② 本身合于准则,可供同类事物比较核对的事物,如"标准音"、"标准时"。① 教师专业标准中的"标准"取"标准"的第一个含义,将"标准"理解为衡量事物的依据或准则。在该层面上,《中国大百科全书》对"标准"一词的界定是:"为了在一定的范围内获得最佳秩序,对活动或其结果规定共同的和重复使用的规则、导则或特性的文件。该文件经协商一致制定并由公认机构批准,它以科学、技术和经验的综合成果为基础,并以促进最佳社会效益为目的。"② 基于此,本书认为,教师专业标准是遵循科学原则与民主原则而制定的,由公认权威部门颁布的,对教师在教育教学活动和自身发展方面应该达到的专业要求和水准的纲要性明确规定。

二、教师专业标准的特点

(一)全面描述教师专业发展的内容

教师专业标准是对教师专业素质的基本要求,它对教师的专业素质进行了细致的分析,并对每一方面的素质提出明确的要求,因此,教师专业标准规定了教师专业发展的具体内容,规定了教师作为专业人员应该发展的维度以及应该达到的发展程度。在一定程度上说,教师专业标准是对教师专业素质结构的一种纲要性描述。

(二)明确规定教师专业发展的结果

教师专业标准既不是对教师专业发展基础的阐述,也不是对教师专业发展过程的解释,而是对教师专业发展结果的规定。以该标准为依据,教师和教育管理者就可以判断教师专业发展的结果是否达到权威部门对教师专业素质的基本要求。教师专业标准的结果性还表现为它是一种发展性目标,对教师专业发展起到方向性的引领作用。

---

① 中国社会科学院语言研究所词典编辑室.现代汉语词典[Z].北京:商务印书馆,1983:70.
② 中国大百科全书编纂委员会.中国大百科全书(第二版)第 2 卷[M].北京:中国大百科全书出版社,2009:398.

（三）具有鲜明的政策性

小学教师专业标准的政策性主要表现在两个方面。一方面,该标准用纲要性的语言对小学教师各方面专业素质的发展结果做出规定,而不对具体发展结果进行深入的理论分析,因此,对于小学教师来说,从该标准中能够看到的是对应该达到的目标的描述,而不是为什么要达到该目标的解释和论证。另一方面,在我国,小学教师专业标准的颁布单位是教育部,因而该标准具有鲜明的政策性及权威性。

（四）强调对教师专业发展的统一要求

小学教师专业标准的制定过程需要征求多方面的意见,然而,一旦由权威部门颁布,该标准就是一种统一性的规定。小学教师专业标准的统一性主要表现在两个方面。一是与小学教师专业发展有关的各个部门要统一执行该标准。具体来说,小学教师的培养部门、准入部门、培训部门和考核部门都应该统一执行该标准。另一方面,该标准是对全体小学教师而言的,在该标准之下不存在例外。作为对小学教师专业素质的评价依据,用一个标准评价所有小学教师也是评价公平的基本要求。

（五）从外部推动教师专业发展

小学教师专业标准的外在性主要是针对其在促进小学教师专业发展中的推动作用而言的。小学教师专业发展的动力有内在动力和外在动力之分,由小学教师专业标准所产生的动力具有鲜明的外在性。从准入角度说,如果一位准备从事小学教育工作的人达不到该标准,那么,他就不可能进入小学教师队伍,因此,为了获得小学教师工作,他就必须努力按照该标准来发展自己的专业素质。从考核角度说,如果一位在职小学教师达不到该标准,那么,在当下他就不是一位合格的小学教师,进一步说,其工作岗位将会受到威胁,因此,为了保证自己工作的安全和稳定,他也必须努力按照该标准来完善自己的专业素质。从管理角度说,外在标准是重要而必需的,然而,要有效推动自身专业发展,小学教师还必须将外在动力与内在动力相结合。

三、教师专业标准的意义

（一）彰显教师职业的专业性

任何一门职业要成为专业,它就应该具有专业的基本特征,而专业的多方面特征都需要用专业标准来表现出来,譬如,仅为本行业的人所掌握的明确的知识技能体系;控制职业证书的标准或资格的认定;对所做出的专业判断和行为表现负责,设立一套行为标准;用一套伦理规范以帮助澄清与所提供服务有关的模糊问题或疑难点等。因此,制定教师专业标准能够彰显教师职业的专业性,从而促进教师职业的专业化进程。

（二）促进教师教育水平的提高

从时间角度说,教师教育包括职前教师教育和在职教师教育;从形式角度说,教师教育包括学历教师教育和非学历教师教育;从地点角度说,教师教育分为院校教师教育和校本教师教育。教师教育的目的是培养高素质的教师,由于教师专业标准是对教师专业素质的明确而详细的纲要性规定,因此,教师专业标准为教师教育提供了努力方向。评价教育质量的根本标准是学生的发展结果,当用具有鲜明行政性和权威性的教师专业标准来评价教师教育质量时,就能够有力促进教师教育水平的提高。

(三) 为教师管理提供专业依据

从教师职业生涯角度说,教师管理主要包括教师的录用、考核、晋升和辞退等方面。教师管理的依据有多个方面,然而,对作为专业人员的教师的管理,教师专业标准能够提供重要的专业依据。不同方面的教师管理所依据的教师专业标准也不同。譬如,教师录用所依据的主要是新教师专业标准,而教师晋升所依据的主要是高一级的教师专业标准,而教师辞退所依据的主要是合格教师标准。

(四) 规范教师的教育教学活动

我国《小学教师专业标准(试行)》明确指出,《专业标准》是小学教师开展教育教学活动的基本规范。教师专业标准对教师提出的基本要求主要包括两个方面,一是对教师专业素质的基本要求,二是对教师教育教学活动的基本要求,后者规定了作为一位专业教师所应该具有的教育教学活动。标准应该具有可观察性、可测量性,而教师专业标准中具有这些特点的部分更多地表现在其对教师教育教学活动的具体规范上。

(五) 引领教师促进自身专业发展

人是个性与社会性的统一体。教师专业发展不仅表现为教师的个性化发展,而且表现为教师的社会化发展,而教师专业标准是社会对教师专业发展提出的要求,因此,标准所规定的教师应知应会的要求为教师的专业发展指明了方向。同时,完善的教师专业标准是包含教师专业发展不同阶段的专业标准的系统,该系统能够促进教师制定出自我专业发展规划,明确自己在不同阶段专业发展的具体目标。

第二节 美国教师专业标准分析

国外大规模的教师专业标准研究、制定和实施始于20世纪80年代,教师专业标准已成为许多国家促进教师专业发展、提高教学质量和改善学生学习的一种重要举措。其中,美国在教师专业标准的研究、制定和实施方面走在世界前列。针对美国教师专业标准进行深入分析,对深刻认识和不断完善我国小学教师专业标准具有重要借鉴意义。

美国教师专业标准有全国性的教师专业标准和州级的教师专业标准,其中全国标准的影响相对较大。美国全国性的教师专业标准主要有四个,它们在制定的主体、针对的对象、提出的要求和标准的应用等方面都存在明显不同。①

一、职前教师专业标准

(一)职前教师专业标准制定的主体和针对的对象

美国职前教师专业标准的制定主体是美国全国教师教育认证委员会(National Council for Accreditation of Teacher Education,简称 NCATE)。该委员会成立于 1954 年,它是一个非盈利、非官方、独立的教师教育认证机构,由 33 个全国的专业性教育协会和公共组织组成,这些机构代表了支持美国高质量教育的众多美国人。从全国教师教育认证委员会的构成人员可以看出,美国职前教师专业标准的制定具有鲜明的民主性和专业性。

美国职前教师专业标准针对的直接对象是美国职前教师教育机构培养的师范生,而其根本的对象是职前教师教育机构。全国教师教育认证委员会首先运用该标准来评价师范生的专业发展水平,然后把评价结果作为重要依据对职前教师教育机构进行评价。

(二)职前教师专业标准的内容

美国职前教师专业标准的内容包括教师专业总标准和学科教师专业标准。

教师专业总标准包括以下六个方面:

(1)熟悉学科内容;

(2)具有明白有效的教学策略;

(3)能反思自己的教学实践并调整自己的教学;

(4)能从不同的文化背景角度给学生提供教学;

(5)接受教学导师的监督;

(6)能把教育技术应用于教学。

全国教师教育认证委员会根据上述六条标准,针对学生的发展阶段和教师任教的学科,制定了 22 套学科教师专业标准,如幼儿阶段教育(初级)教师专业标准、体育(高级)教师专业标准。由此可以看出,全国教师教育认证委员会制定的教师专业标准是一个标准体系。该体系包括小学教师专业标准,但没有分学科制定。在全国教师教育认证委员会看来,小学教师应该是全科教师。全国教师教育认证委员会专门制定了外语教师专业标准,但是,没有分学段制定。我们将对外语教师专业标准进行详细介绍,便于为我国分学科构建小学教师标准提供借鉴。

美国外语教师专业标准包括六条,具体内容如下:

---

① 雄建辉.教师专业标准的国际经验[M].北京:北京师范大学出版社,2014.

标准 1：语言、语言学和比较

（1）展现语言水平：教师要能展现出高水平的目标语，并寻求机会加强外语水平。

（2）懂得语言学：教师要懂得目标语体系中的语言学成分，认识到语言的变化特点，能通过自学发现并适应目标语与母语之间的差异。

（3）能进行语言比较：教师知道目标语与其他语言之间的异同，能识别目标语变体间的主要差别，自己寻找机会获知目标语的各种变体。

标准 2：文化、文学和跨学科概念

（1）表现出文化理解能力：教师要能理解文化、文化实践以及文化产品，把外语标准中的文化框架整合到教学实践中。

（2）展现对文学、文化文本和传统的理解：教师要认识文学、文化文本的价值和作用，并能利用它们来解释和反思目标文化中的观点。

（3）整合教学中的其他学科：教师要能把其他学科中的知识整合到外语教学中，并认识到目标语的独特作用。

标准 3：语言习得理论和教学实践

（1）熟悉语言习得理论并营造支持性课堂氛围：教师要熟悉学生在不同发展阶段的语言习得特点，并利用这些知识来营造支持性的学习氛围——包括目标语的输入以及意义讨论和互动的机会。

（2）开展有利于反映语言使用的多样性的教学实践：教师开展的教学实践要能反映语言的使用结果，方式应多元化以满足不同类型的语言学习者。

标准 4：把标准融入课程和教学中

（1）熟悉标准和利用标准：教师要熟悉目标领域、外语学习的标准以及教师所在州的标准，并把这些目标和标准整合到课程计划中。

（2）把标准整合到教学中：教师要把外语学习标准以及教师所在州的标准整合到语言教学中。

（3）选择并设计教学材料：教师要根据标准和课程目标来评价、选择、设计和调整教学资源。

标准 5：语言和文化的评价

（1）知道评价模式并恰当地利用评价模式：教师要知道评价无时不在，他们要展现多种评价方法的知识，在实施过程中要有的放矢，要符合学生的年龄和水平。

（2）反思评价：教师要根据学生评价的结果，相应调整教学，分析评价结果和利用成败来决定教学方向。

（3）汇报评价结果：教师要向所有的利益相关者解释和汇报学生表现的结果，并提供讨论的机会。

标准 6：专业特性

（1）参与专业发展：教师要把握专业发展的机会，加强语言和文化能力并提高实践反思能力。

（2）知道外语学习的价值：教师要知道外语学习对所有学生的成功是很重要的，并且明白告诉他们要在学生、同事和社区成员中进行宣传，从而促进该领域的发展。

（三）职前教师专业标准的应用

美国职前教师专业标准的直接评价对象是作为职前教师的师范生，然而，其最终的评价对象则是教师教育机构，也就是说，美国全国教师教育认证委员会是通过对师范生发展水平的评价来评价教师教育机构的办学质量。对教师教育机构进行认证的指标包括多个方面，然而，师范生的发展水平是其最为核心的指标。

美国教师教育认证包括全国认证和州级认证，其中，州级认证是强迫性的，全国认证是自愿性的。由美国全国教师教育认证委员制定的认证标准正逐渐成为全美的统一标准。美国全国教师教育认证委员运用职前教师专业标准对教师教育机构进行认证的具体过程如下：

1. 认证申请阶段

申请单位填写申请表，交纳年费，成为预备会员。

2. 第一次认证阶段

成为预备会员后的两年内，可以申请第一次认证。如果在第一次认证中，师范生的专业发展水平满足了该委员会制定的六条总标准（还包括教师教育机构的管理与资源等方面达到标准），认证结束即可成为正式会员。否则，认证过程就进入临时认证阶段。

3. 临时认证阶段

进入临时认证的教师教育机构必须在两年内达标，才能成为正式会员。

4. 继续认证阶段

成为正式会员后，教师教育机构还要接受每五年一次的继续认证，以保证会员质量并维持会员地位。

5. 条件认证或延缓认证阶段

在继续认证中，未能达标，则进入条件认证或延缓认证。进入条件认证的机构必须在两年内进行整改，并再次接受认证。

二、入职教师专业标准

（一）入职教师专业标准制定的主体和针对的对象

美国入职教师专业标准制定的主体是美国州际新教师评估与支持联合会（Interstate New Teacher Assessment and Support Consortium，简称 INTASC）。该委员会成立于1987年，由各州教育机构与全国教育组织组成，旨在改革新教师入职培训、教师资格证制度和教师专业发展。该委员会所制定的教师专业标准针对的对象是入职教师,入职教师达到该标准,就可以获得教师资格证,因此,该委员会制定的教师专业标准又可以称为教师资格标准。

(二)入职教师专业标准的内容

美国入职教师专业标准的内容包括核心专业标准和学科专业标准。其中,核心专业标准是所有教师都应该具有的概括性标准,学科专业标准则是核心专业标准的具体化。

美国入职教师核心专业标准的内容包括以下方面:

1. 学科知识

教师要掌握本学科的核心概念、探询工具和知识结构,为学生创造学习经历,使学生感到上述各方面的学习有意义。

2. 学生学习

教师要了解不同年龄阶段学生的学习方法以及发展特点,并能提供有利于学生智力、社会和个人发展的学习机会。

3. 学生的多样性

教师要了解学生学习方法的差异性,并能创造相应的学习机会,以适应不同文化背景和个体差异的学生。

4. 教学策略

教师要熟悉并使用各种教学策略来激励学生批判性思维能力、解决问题能力和表现能力的发展。

5. 学习环境

教师要了解并利用学生的个体和群体动机以及学生的个体和群体行为,以便营造一个有利于鼓励学生与社会保持正面互动、主动参与学习和加强内在动力的学习环境。

6. 交流手段

教师要善于利用有效的言语、非言语以及媒体通信手段,营造一个积极探询、相互合作和相互支持的课堂氛围。

7. 教学计划

教师要根据学生、班级、学科知识和课程目标来规划和管理教学。

8. 评价策略

教师要掌握并使用正式和非正式的评价策略对学生进行评价,以便确保学生的智力、体力和社会能力的持续发展。

9. 教师的反思与专业发展

教师在实践过程中要不断地反思自己——评价自己的内容选择和教学行为对学

生、家长以及其他人的影响,同时还要主动寻找有利于专业发展的机会。

10. 合作关系

为了支持学生的学习和发展,教师要保持与学生家长或监护人、同事以及社区的联系与往来。

美国州际新教师评估与支持联合会根据上述十个核心标准制定了八个具体的学科专业标准,即艺术教师专业标准、小学教师专业标准、英语教师专业标准、外语教师专业标准、数学教师专业标准、科学教师专业标准、社会教师专业标准和特殊教育教师专业标准。在该委员会看来,小学教师依然是全科型教师。美国州际新教师评估与支持联合会专门制定的外语教师专业标准只是明确了学科,而没有分学段,其具体内容如下:

标准1　学科内容知识:外语教师要熟练掌握所教外语,并知道语言的系统论、学生的语言学习方法、语言和文化的关系。此外,教师还要熟悉使用该语言的本族人的文化。教师能利用这些知识为学生创造学习经历,从而提高学生的语言能力和文化理解能力。

标准2　学生发展:外语教师要知道学生是如何学习和发展的,并能把这些与学生语言能力和文化理解联系起来。教师要提供适合并能支持学生发展的学习经历。

标准3　学生的多样性:外语教师要知道学生的个体差异——知识、经历、能力、需求以及语言学习方法,并且能创造适合学生水平并反映学生多样性的教学机会和教学环境。

标准4　教学策略:外语教师要熟悉并使用各种教学策略来帮助学生提高语言水平、构建文化理解和培养批判性思维能力。

标准5　学习环境:外语教师要营造一个互动的、有吸引力的和支持性的学习环境,从而激发学生的内在动力,提高学生的语言学习和文化理解能力。

标准6　交流手段:外语教师要善于利用有效的言语、非言语手段以及多媒体资源来培养学生的语言发展和文化理解能力。

标准7　教学计划:外语教师要根据自己对目标语语言和文化的掌握、学生情况、基于标准的课程和学习环境来制定教学计划。

标准8　评价策略:外语教师要掌握并使用各种评价策略来监督学生的学习,教授语言和文化,以及报告学生的进步。

标准9　反思实践与专业发展:外语教师应该是反思性实践者,需要不断地评价自己的内容选择与教学行为对别人的影响,同时还要主动寻找有利于专业发展的机会。

标准10　学习社区:为了支持学生的学习和发展,外语教师要与同事、学生家长以及社区中的相关机构建立联系。

(三)入职教师专业标准的应用

当前,美国州际新教师评估与支持联合会制定的入职教师专业发展标准被美国

20多个州采用。在具体应用时,由各州教育管理机构负责实施。其应用过程分为三个阶段:

1. 学科知识考试

这里所说的学科知识是指入职教师准备从教的学科知识。由于小学教师是全科型教师,所以,这里的学科知识具有综合性。

2. 教学知识考试

这里所说的教学知识主要是指教育学、心理学、学科教育学等方面的知识。教学知识考试与前面的学科知识考试在入职教师所接受的职前教师教育结束时举行。如果通过这两次考试,入职教师获得临时教师资格证。

3. 实际教学评价

该评价是对入职教师实际教学能力的评价,采用档案袋评价法,通常在入职教师的教学满一至两年后进行。如果通过该评价,入职教师就会获得正式教师资格证。

三、优秀教师专业标准

(一)优秀教师专业标准制定的主体和针对的对象

优秀教师专业标准制定的主体是美国国家专业教学标准委员会(National Board for Professional Teaching Standards,简称NBPTS)。该委员会成立于1987年,它是一个非营利的独立组织,工作人员包括教育工作者、政府官员和企业领导者。美国国家专业教学标准委员会为每一个学科领域组建学科标准委员会,该委员会一般由12至15位成员构成,这些成员多数是一线教师,此外还包括大学教授、专家、教师教育家以及该领域的相关专业人员。美国优秀教师专业标准针对的对象是在职的优秀教师。这些教师通过向美国国家专业教学标准委员会提出申请,符合专业标准、通过认证后获得美国国家专业教学标准委员会颁发的优秀教师证书。

(二)优秀教师专业标准的内容

美国国家专业教学标准委员会制定的优秀教师专业标准包括核心专业标准和学科专业标准。其中,核心专业标准以建议的形式出现,指导学科专业标准的制定,教师在申请认证时所依据的准则主要是学科专业标准。

核心专业标准的内容包括五个方面,具体内容如下:

1. 教师应该致力于学生的发展和学生的学习

优秀教师应该致力于让所有学生都有机会获得知识,他们的行为是建立在所有的学生都能够学习的信仰之上。教师要平等对待每一位学生,同时也要认识到每一位学生是不同的,教师在教学实践中要考虑到这种差异。教师要观察和了解学生的兴趣、能力、技能、知识、家庭、个人背景和同伴关系,并根据这些情况调节教学实践。

优秀教师应该明白学生的发展和学习过程,并将现有的认知和智力理论应用于教学实践。教师要知道环境和文化会影响学生的行为。教师要开发学生的认知能力和培养学生尊重学习的理念,并在自尊、学习动机、个人性格、公民责任感等方面培养学生,让学生尊重个人、文化、宗教和种族方面的差异。

2. 教师应该知道所教学科领域的知识以及该学科的教学方法

优秀教师能彻底理解本学科的知识结构,并知道这些知识是如何创建、如何组织、如何与其他学科发生联系以及如何应用于现实生活的。教师要忠实地反映文化中的集体智慧并坚持本学科知识的价值,同时教师也要开发学生的批判能力和分析能力。

优秀教师应该懂得如何向学生传授学科知识,并能得心应手地应用这些教学方法。教师要知道学生对该学科典型的成见和背景知识,还要知道有益的教学策略和教学资源。教师可以根据自己的教学综合技能创建多种学习该学科知识的路径,并能非常娴熟地教导学生提出并解答具有挑战性的问题。

3. 教师应该负责学生学习的管理和监督

优秀教师能够进行有效教学,他们掌握一系列教学技巧,并知道如何恰当地运用这些技巧激发学生动机、保持学生的注意力,使学生积极投入到学习中来。他们知道如何营造和保持教学环境,以便吸引和维持学生的学习兴趣,他们知道如何组织教学来达到教学目标。

优秀教师知道如何对个体学生和全班学生的进步进行评价。他们使用多种方法评价学生的成长和对知识的理解,并能向学生家长清楚地解释学生的表现情况。

4. 教师能够对自己的教学实践进行思考,并从经验中学习

优秀教师应该是受过良好教育者的典范,他们喜欢学习、善于质疑、具有创造力、乐于尝试新事物。他们熟悉学习理论和教学策略,了解美国教育界的最新动向。

优秀教师能够对自己的教学实践进行批判性反思,以加深知识,拓展教学技能,并将新的发现用于教学实践。

5. 教师是学习共同体的成员

优秀教师与他人一起促进学生学习。他们是带头人,知道如何寻求和建立与社区等的伙伴关系。他们与其他专业人员一起,参与教育政策制定、课程开发、专业发展等工作。

优秀教师能够评价学校的进步和资源的分配,以达到州或者地方教育目标。他们知道如何与家长合作,使他们有效地参与到学校工作中。

以上述五项核心专业标准为依据,美国国家专业教学标准委员会分学科、分学段制定了25个具体的优秀教师专业标准。其中,儿童中期(7~12岁,相当于小学阶段)综合学科优秀教师专业标准的内容如下:

(1) 关于学生的知识:优秀教师能够利用他们掌握的关于儿童发展的知识和他们与学生的关系来了解学生的能力、兴趣、志向以及价值观。

(2) 内容与课程知识:优秀教师能够利用他们所掌握的学科内容及课程知识,正

确决定儿童中期的学生应该学习哪些本学科课程内容。

（3）学习环境：优秀教师能够创设一个关爱、包容、激励以及安全的学习共同体，使学生敢于在学习中开拓冒险，实践民主，既学会独立学习，又善于与他人合作。

（4）尊重多样性：优秀教师能够帮助学生学会尊重并欣赏不同个体及不同团体的差异。

（5）教学资源：优秀教师能够创造、评价、选择和利用丰富多样的教学材料，并善于利用其他教学资源（如学校员工、社区成员以及学生）来支持帮助教学。

（6）对知识的有意义的利用：优秀教师能够帮助学生学习本学科和跨学科的知识，并能够帮助学生理解如何运用学到的学科知识解决自己生活中和外面世界的问题。

（7）有意义的获得知识的途径：优秀教师能够为学生提供每门学科的核心概念、探究与学科相关的重要主题以及建构综合知识所需要的多种途径。

（8）评价：优秀教师应该了解各种评价方法的优缺点，能够根据自己的教学对学生进行评价，并鼓励学生监管自己的学习。

（9）家长参与：优秀教师能够与家长建立积极、互动的关系，让家长参与到学生的教育中。

（10）反思：优秀教师经常分析、评价、反思他们的教学，加强他们教学实践的效果，提高教学质量。

（11）对专业的贡献：优秀教师能够与同事一起改进学校教学并推进本教学领域的知识与实践。

（三）优秀教师专业标准的应用

在美国国家专业教学标准委员会分学科、分学段制定了具体的优秀教师专业标准之后，在职教师自主决定是否参加该认证。在职教师参加该认证的过程大约需要三年时间，具体过程如下：

（1）教师递交认证申请，交付申请费。

（2）教师建立个人档案袋。档案袋内容大致包括规定时长的教学录像带；4～5个教师本位的活动和师生互动；若干位学生的学习记录和作业资料；编制的教材和所做的教具；与学生家长、同事和社区合作的资料等。

（3）教师提交个人档案袋，并参加实践性评价。其中，实践性评价在学区教学评价中心举行，一般采取以教学知识和学科知识为主要内容的笔试和练习活动相结合的方法，主要目的是验证档案袋材料的真实性，并起到补充作用。

达到优秀教师标准、通过认证的教师经常成为学校的指导教师和带头人，他们能够获得更好的就业机会和经济奖励。

四、启示

从世界范围来说，大规模的教师专业标准的研究、制定和实施始于20世纪80年代。我国教育部于2012年正式颁布了中学、小学和幼儿园教师专业标准，与发达国家教师专业标准相比较,我国教师专业标准虽然取得了可喜的成绩,但还存在不少需要改进的地方。美国教师专业标准的发展现状对于我国教师专业标准的建设具有重要启示。

(一)分学科制定教师专业标准

美国教师专业标准不仅分学段制定,而且分学科制定,然而,我国教师专业标准仅仅是做到了前者,还没有制定出学科教师专业标准。教师专业具有双专业性,即教师专业既是教育专业,又是学科专业,也就是说,教师既应该具有"教什么"的学科专业素质,又应该具有"怎么教"的教育专业素质。不分科制定教师专业标准在一定程度上说遮蔽了教师专业的"半壁江山"。即使是全科型小学教师,也需要对其应该掌握的多门学科的知识进行严密的规划和设计,否则,小学教师的专业性将大打折扣。

(二)分水平制定教师专业标准

前文介绍了美国制定的三个水平的教师专业标准,即职前教师专业标准、入职教师专业标准和优秀教师专业标准,然而,当前我国针对不同学段仅仅制定出了一个教师专业标准,该标准虽然试图想总体反映职前教师、入职教师和在职教师的专业发展水平,然而,教师专业发展的现实告诉我们,这三类教师在专业发展水平上存在显著差异,这就使得我国的教师专业标准缺乏针对性。借鉴美国教师专业标准,我国需要在总体制定不同学段全体教师专业发展标准的基础上,根据教师专业发展过程理论与实践研究,尽快制定更具有针对性的反映同一学段不同发展水平的教师专业标准。

(三)切实加强教师专业标准的权威性

美国不同水平的教师专业标准都具有很强的权威性。由于职前教师专业标准与职前教师教育机构的认证直接联系起来,因而美国职前教师专业标准具有很强的权威性。由于入职教师专业标准与教师资格联系起来,因而入职教师专业标准具有很强的权威性。由于优秀教师专业标准与教师的顺利流动、职务晋升、加薪等联系起来,因而优秀教师专业标准具有很强的权威性。虽然教育部指出专业标准是教师培养、准入、培训、考核等工作的重要依据,然而,在实际运作中,我国教师专业标准并没有真正发挥这个作用,主要原因之一就是我国教师专业标准缺乏权威性。因此,借鉴美国教师专业标准,我国应该高度重视对教师专业标准权威性的制度设计,从而让教师、教师教育机构、教育管理部门切实认可和重视教师专业标准。

(四)重视教师专业标准的发展性功能

所有的标准都是为了评价而制定的。教师专业标准的评价功能大致可以分为鉴定性功能和发展性功能。美国当代课程论专家斯塔弗尔比姆认为,评价最主要的意图不是为了证明(prove),而是为了改进(improve)。美国教师专业标准充分重视其发展性功能,重视通过评价促进评价对象的发展,真正做到"以评促建"、"以评促改"。职前教师专业标准直接的评价对象是师范生,最终的评价对象是职前教师教育机构。

美国全国教师教育认证委员依据职前教师专业标准对职前教师教育机构进行认证时,给予职前教师教育机构两年的准备时间。美国州际新教师评估与支持联合会依据入职教师专业发展标准对入职教师实际教学进行评价时也会给予其一至两年的准备时间。美国国家专业教学标准委员会依据优秀教师专业标准对在职教师进行评价的时间大约需要三年。在这些时间内,评价对象会认真依据教师专业标准进行准备,从而有效促进各层次教师的专业发展。

(五)建立教师专业标准的专门机构

教师专业标准的制定、实施和完善是非常复杂而持续开展的重要工作,这就需要建立专门的教师专业标准机构。美国的职前教师专业标准、入职教师专业标准和优秀教师专业标准都有其专门的机构。当前我国教师专业标准的制定和实施机构是教育部,作为国家教育部门的最高行政管理机构,其职责决定了该部门难以有效进行教师专业标准的贯彻实施。借鉴美国教师专业标准的经验,当前我国需要建立独立的、非营利的非政府机构。这些机构通过收取一定的认证费用以及多渠道筹集经费保证其顺利运转。这些机构组成人员的组建过程不仅应该体现民主性,而且应该体现专业性。

第三节 我国小学教师专业标准解读

2012年我国教育部正式颁布了《小学教师专业标准(试行)》(以下简称为《专业标准》)。虽然该标准处于试行阶段,还需要继续完善,但是,它明确而详细地规定了小学教师专业素质的基本内容,对于促进我国小学教师专业发展具有重要指导意义。该标准指出,《专业标准》是国家对合格小学教师专业素质的基本要求,是小学教师实施教育教学行为的基本规范,是引领小学教师专业发展的基本准则。教育部要求各级教育行政部门要将《专业标准》作为小学教师队伍建设的基本依据,开展小学教师培养培训的院校要将《专业标准》作为小学教师培养培训的主要依据,小学要将《专业标准》作为教师管理的重要依据,小学教师要将《专业标准》作为自身专业发展的基本依据。对《专业标准》进行深入解读,有助于该标准得到切实的贯彻执行,有助于大力推动小学教师专业发展。《专业标准》的主要内容包括"基本理念"和"基本内容"两个部分。其中,"基本内容"包括"专业理念和师德"、"专业知识"、"专业能力"三个部分。本书主要对《专业标准》的上述内容进行解读。

一、小学教师专业标准的基本理念

《专业标准》的基本理念主要是指国家在对合格小学教师的专业素质提出基本要

求时应该遵循的基本指导思想,该指导思想贯穿在小学教师的具体专业素质之中。概括来说,专业标准的基本理念与基本内容之间是抽象与具体的关系。

《专业标准》的基本理念有四个,即师德为先、学生为本、能力为重、终身学习。从内容角度说,确立这些基本理念具有一定的合理性。首先,在我国人才观中,品德是最为重要的人才素质,而作为一门专业,它要求从业者把服务对象和社会利益放在首位,要求具备一套严格而明确的职业伦理规范,因此,《专业标准》将师德为先作为基本理念是合理的。其次,作为一门专业,它要求从业者必须掌握和运用精深的专门知识,必须持续不断地学习进修,因此,《专业标准》将终身学习作为基本理念是合理的。再次,教师能力是教师完成所承担的工作的实际本领,教师的专业道德和专业知识最终都必须要体现在能力中,因此,《专业标准》将能力为重作为基本理念是合理的。最后,教育是有意识地培养人的社会活动,教师因学生而存在,学校因学生而创立,因此,《专业标准》将学生为本作为基本理念也是合理的。

本书认为,《专业标准》的四个基本理念之间不是并列关系,而是复合性的手段与目的关系。在四种理念之间,师德为先、能力为重、终身学习是手段,学生为本是目的。而在师德为先、能力为重、终身学习之间,终身学习是手段,师德为先、能力为重是目的。也就是说,小学教师只有坚持终身学习,才能不断提高自身的品德和能力素质;而只有具有较高的品德和能力素质,小学教师才能真正落实学生为本,有效促进小学生的健康成长。

处于试行阶段的《专业标准》还存在需要改进的地方。一方面,《专业标准》中的"基本理念"与"基本要求"的逻辑关系不够严谨。理念是上升到理性高度的观念,因此,对作为小学教师专业素质的"基本要求"来说,小学教师专业标准的"基本理念"应该具有普遍性的指导作用,应该是对"基本要求"的高度概括。然而,在《专业标准》中,"基本理念"与"基本要求"之间有过多的重复内容,在很大程度上说,"基本理念"内容是"基本要求"内容的节选。因此,本书认为,《专业标准》应该删去"基本理念"部分,而直接并列规定小学教师专业发展的基本内容,直接明确提出对小学教师专业发展的基本要求。从美国教师专业标准的经验来看,无论是职前教师专业标准、入职教师专业标准,还是优秀教师专业标准,在构建分学段分学科教师专业标准时,都不包含"基本理念"内容,而是直接规定"基本要求"。美国教师专业标准虽然都包含不分学科、不分学段的总标准或核心专业标准,但是,这些标准的概括性特点非常突出,而分学段分学科的教师专业标准在很大程度上是对总标准或核心专业标准的具体化,二者的逻辑关系明确而严谨。

另一方面,"基本理念"中"学生为本"理念也值得商榷。在这里,"学生为本"属于教育目的范畴,其含义是指小学教师从事专业活动的目的是促进学生的健康成长。本书认为,"学生为本"虽然有一定的合理性,但同样存在片面性。从教育目的的价值取向角度说,"学生为本"理念反映的是个人本位论的教育目的价值取向,而合理的教育目的的价值取向应该是学生发展与社会发展辩证统一的价值取向,也就是说,小学教师专业实践目的不仅是促进学生全面发展,而且要为社会的文明进步服务。真正的专业人员不仅要服务客户,而且要贡献社会。

二、小学教师的专业理念与师德

小学教师的专业理念与师德是《专业标准》所规定的小学教师专业素质基本内容的第一大部分。《专业标准》对小学教师专业理念和师德的具体要求包括四个部分:一是职业理解与认识,二是教育教学工作的态度与行为,三是对小学生的态度与行为,四是个人修养与行为。从本质上说,这四个方面可以理解为小学教师对本职业的职业道德、小学教师对教育教学工作的职业道德、小学教师对小学生的职业道德、小学教师对自己的职业道德。这四者之间基本上是由远及近的关系。

关于小学教师对本职业的职业道德,《专业标准》重点强调以下方面:

(1)小学教师职业是需要依法执教的职业,因此,小学教师要贯彻党和国家教育方针政策,遵守教育法律法规。

(2)小学教师职业是具有重要意义的职业,因此,小学教师要热爱小学教育事业,具有职业理想和敬业精神。

(3)小学教师职业是具有专业性和独特性的职业,因此,小学教师要注重自身专业发展。

(4)小学教师职业是为人师表的职业,因此,小学教师要具有良好职业道德修养。

(5)小学教师职业是讲求合作的职业,因此,小学教师要具有团队合作精神,积极开展协作与交流。

从上述内容可以看出,《专业标准》对小学教师在对待本职业的职业道德方面的要求具有鲜明的概括性和宏观性。

小学教师的职业活动包括许多方面,而其核心方面是教育教学工作。关于小学教师对教育教学工作的职业道德,《专业标准》实质上是对小学教师的教育教学工作的价值取向方面的要求。具体来说,这些要求主要包括以下方面:

(1)小学教师应追求小学生的全面发展,为此,小学教师要树立育人为本、德育为先的理念,将小学生的知识学习、能力发展与品德养成相结合。

(2)小学教师应追求小学生的个性发展,为此,小学教师要尊重教育规律和小学生身心发展规律,为每一个小学生提供适合的教育。

(3)小学教师应追求小学生的快乐发展,为此,小学教师要引导小学生体验学习乐趣,保护小学生的求知欲和好奇心,培养小学生的广泛兴趣。

(4)小学教师应追求小学生的可持续发展,为此,小学教师要引导小学生学会学习,养成良好的学习习惯。

《专业标准》对小学教师教育教学工作方面的职业道德要求体现了素质教育的价值取向。

小学教师的教育教学工作包括许多方面，而其核心是小学生。关于小学教师对小学生的职业道德，《专业标准》主要强调以下方面：

（1）小学教师要关爱小学生，为此，小学教师要重视小学生身心健康，将保护小学生生命安全放在首位。

（2）小学教师要尊重小学生，为此，小学教师要维护小学生合法权益，平等对待每一位小学生；不讽刺、挖苦、歧视小学生，不体罚或变相体罚小学生。

（3）小学教师要信任小学生，为此，小学教师要尊重个体差异，主动了解和满足有益于小学生身心发展的不同需求。

教育理论和实践无不证明热爱学生是教师最为核心的职业道德，而《专业标准》不仅要求小学教师热爱小学生，而且要关心、尊重、信任小学生，这反映了小学教师对小学生职业道德的时代性和进步性。

小学教师要在教育教学活动中切实做到关爱小学生、尊重小学生、信任小学生，就需要以良好的个人修养作保障。总体来说，《专业标准》从两个方面对小学教师的个人修养提出要求：

（1）内在修养。《专业标准》指出，小学教师要富有爱心、责任心、耐心和细心；要乐观向上、热情开朗、有亲和力；要善于自我调节情绪，保持平和心态。

（2）外在修养。《专业标准》指出，小学教师要衣着整洁得体，语言规范健康，举止文明礼貌。在这两方面的修养中，内在修养更具有根本性。

在小学教师的专业理念与师德中，"专业理念"实质上指的是小学教师在深刻理解本职业、教育教学工作、学生和自己的基础上而形成的对个人态度和行为起指导作用的理性信念，它属于教师职业道德的道德认知范畴，由于道德认知、道德情感和道德行为是构成一个人道德品质的基本要素，因此，本书认为，《专业标准》对"专业理念与师德"的表述应该改为"职业道德"。一方面，这能够与《专业标准》引言部分有关"小学教师是履行小学教育工作职责的专业人员，需要经过严格的培养与培训，具有良好的职业道德，掌握系统的专业知识和专业技能"的表述更为一致。另一方面，这也能够避免与《专业标准》中第一部分"基本理念"在概念上相混淆。

三、小学教师的专业知识

专业知识是专业最为重要的特征。《专业标准》对小学教师专业知识方面的基本要求包括通识知识、学科知识、小学生发展知识和教育教学知识四个部分。在此，本书综合对该内容进行分析与评价。

1. 通识知识

通识知识虽然不具有专业性，但是，小学教师掌握比其他职业的从业者更多、更合理的通识知识仍然是小学教师专业的特殊要求，这也使通识知识在小学教师素质中具有了一定的专业性。通识知识对于小学教师开展教育教学工作具有重要意义。一方面，小学生兴趣广泛，求知欲强，往往希望从教师那里获得多方面的知识，因而通识知识有助于小学教师更好地为学生释疑解惑,并增强自己在小学生心目中的威信。另一方面,知识就是力量,小学教师所掌握丰富的通识知识还会提高小学教师的教育能力,增强教育效果。譬如,在对小学生进行思想品德教育时,运用文学艺术方面的知识会使小学教师更容易打动学生,运用科学方面的知识会使小学教师更容易说服学生。关于通识知识,《专业标准》提出的要求包括小学教师应"具有相应的自然科学和人文社会科学知识;了解中国教育基本情况;具有相应的艺术欣赏与表现知识;具有适应教育内容、教学手段和方法现代化的信息技术知识"。本书认为,自然科学知识、人文社会科学知识、艺术欣赏与表现知识是通识知识的核心内容,要掌握这些知识,小学教师需要做出很大的努力。然而,有关中国教育基本情况的知识和与教育相关的信息技术知识不宜列入通识知识范畴,二者应该属于教育知识范畴。

2. 学科知识

学科知识是小学教师"教什么"的专业知识,虽然小学教师所教的内容较为简单,但是,其学科知识也有较强的专业性。《专业标准》对小学教师学科知识的要求具有较强的合理性。首先,全科型教师是当今世界小学教师专业发展的重要方向,因此,《专业标准》提出小学教师要"适应小学综合性教学的要求,了解多学科知识"这一要求是合理的。其实,全科型小学教师并非意味着小学教师能够任教小学所有学科,而是意味着小学教师要能够承担小学多门学科的教学任务,能够将多学科的知识运用在某一门学科的教学过程之中。其次,与具体的学科知识相比较,学科的基本思想与方法更为重要,后者对于培养学生的学科探究能力非常重要,因此,《专业标准》提出小学教师要"掌握所教学科知识体系、基本思想与方法"这一要求是合理的,这方面的知识是学科知识的内在深化。最后,学科知识属于间接经验,它只有同直接经验相结合,才能被小学生更好地理解和掌握。不同的学科之间具有内在联系,小学教师了解这些联系,有助于小学教师在教育教学工作中相互配合,从而更有效地促进小学生全面发展,因此,《专业标准》提出小学教师要"了解所教学科与社会实践、少先队活动的联系,了解与其他学科的联系"这一要求是合理的,这方面的知识是学科知识的外在拓展。

3. 小学生发展知识

《专业标准》高度重视小学教师掌握有关小学生发展的知识。除了要求小学教师掌握小学生身心发展特点、规律和小学生学习的特点外,《专业标准》还要求小学教师掌握有关小学生的法律法规及政策规定;掌握幼小和小初衔接阶段的小学生的心理特点;掌握对小学生进行青春期和性健康教育知识;掌握有关小学生安全防护的知识。上述知识虽然内在逻辑关系不够严谨,但具有很强的现实针对性。

4. 教育教学知识

在有关小学教师应该掌握的教育教学知识方面,《专业标准》将其分为两类,一类是教育学知识,《专业标准》从对教育教学工作指导的直接性角度出发,不仅提出小学教师应该掌握超越学科的教育教学基本理论,而且提出小学教师应该掌握学科课程与教学知识。另一类是心理学知识,《专业标准》从人才素质的核心构成角度出发,不仅提出小学教师应该掌握有关小学生品德发展的知识,而且提出小学教师应该掌握有关小学生认知发展的知识。

笔者认为,《专业标准》高度重视小学教师掌握有关小学生发展的知识固然非常重要,然而,将其单独列出、与教育教学知识并列值得商榷。一方面,当前几乎所有的教育学教材都认为教师的专业知识包括通识知识、学科知识和教育知识三大部分;另一方面,《专业标准》所提出的有关小学生发展的知识和教育教学知识存在明显的重复内容,这些内容主要集中在有关小学生的心理学知识中。本书的观点为:《专业标准》所提出的有关小学生发展的知识应该纳入到教育教学知识领域之中。

四、小学教师的专业能力

专业能力是小学教师顺利开展教育活动的根本保证,它是小学教师最为重要的专业素质,小学教师的职业道德和专业知识最终都体现在专业能力上。《专业标准》对小学教师的专业能力的要求大致分为三个方面,一是教育教学能力,二是沟通与合作能力,三是自我发展能力。

1. 教育教学能力

《专业标准》依据教育教学活动的进程把小学教师的教育教学能力进一步划分为教育教学设计能力、实施能力和评价能力。

关于教育教学设计能力,《专业标准》根据小学教师的主要职责将其分为学科教学设计能力、班级和少先队活动设计能力以及对小学生进行个体和集体教育的设计能力。

关于教育教学的实施能力,《专业标准》将其分为三个方面。一是小学教师的基本功。对此,《专业标准》提出小学教师应该"将现代教育技术手段整合应用到教学中",应该"较好使用口头语言、肢体语言与书面语言,使用普通话教学,规范书写钢笔字、粉笔字、毛笔字"。二是调动小学生积极性的能力,对此,《专业标准》提出小学教师应该"调动小学生学习积极性,结合小学生已有的知识和经验激发学习兴趣";"发挥小学生主体性,灵活运用启发式、探究式、讨论式、参与式等教学方式"。三是教育教学机智,对此,《专业标准》提出小学教师应该"创设适宜的教学情境,根据小学生的反应及时调整教学活动";应该"妥善应对突发事件"。

《专业标准》把小学教师教育教学评价能力从评价方式上大致分为四个方面,一是小学教师要善于运用赏识性评价,即"对小学生日常表现进行观察与判断,发现和赏识每一位小学生的点滴进步"。二是小学教师要善于运用多元性评价,即"灵活使用多元评价方式,给予小学生恰当的评价和指导"。三是小学教师要善于让小学生成为评价的主体,即"引导小学生进行积极的自我评价"。四是小学教师要善于运用形成性评价,即小学教师要善于"利用评价结果不断改进教育教学工作"。

2. 沟通与合作能力

教师职业是一种助人职业,教师的主要职责是帮助学生全面发展。不仅如此,教师职业还是一种特殊的助人职业。一方面,教师助人的特殊性表现为教师对学生的帮助是一个长期的过程。医生帮助病人的时间可能是短短的若干分钟,而教师帮助学生的时间往往短则一个学期,长则一年,乃至若干年。因此,教师需要与学生进行良好的沟通和交往,需要建立起良好的师生关系。另一方面,教师助人的特殊性还表现为教师需要与诸多主体如学生家长、其他教师、社区人员等人进行合作,因此,教师需要与这些主体建立起良好的合作关系。《专业标准》根据与小学教师互动的主体不同,提出小学教师应该"善于倾听,和蔼可亲,与小学生进行有效沟通";应该"与同事合作交流,分享经验和资源,共同发展";应该"与家长进行有效沟通合作,共同促进小学生发展";应该"协助小学与社区建立合作互助的良好关系"。需要指出的是,小学教师的"沟通与合作能力"与"教育教学能力"并不是并列关系,前者是作为后者的重要组成部分而被特别加以强调的。

3. 自我发展能力

小学教师的"自我发展能力"与其"沟通与合作能力"、"教育教学能力"也不是并列关系,而是目的与手段关系,也就是说,在终身学习时代,为了促进"沟通与合作能力"、"教育教学能力"的不断提升,小学教师应该具有"自我发展能力"。关于小学教师应该具有的"自我发展能力",《专业标准》根据主体不同把其分为两个方面。一是以小学教师为主体的实践反思能力,对此,《专业标准》提出小学教师应该"主动收集分析相关信息,不断进行反思,改进教育教学工作";应该"针对教育教学工作中的现实需要与问题,进行探索和研究"。二是以小学教师和培训专家为共同主体的理论学习能力,对此,《专业标准》提出小学教师应该"制定专业发展规划,积极参加专业培训,不断提高自身专业素质"。

作为小学教师专业发展的政策文件,《专业标准》要顺利得到贯彻执行,就必须具有说服力,而要做到要这一点,《专业标准》自身就必须要有逻辑自洽性。然而,《专业标准》在这一方面还有需要完善的地方。虽然小学教师的"教育教学能力"、"沟通与合作能力"与"自我发展能力"都非常重要,但是,三者之间的逻辑关系不够严谨。譬如,"教育教学能力"中教育教学评价能力与"自我发展能力"中的实践反思能力之间存在内容交叉,其实,小学教师的教育教学评价与其实践反思在本质上有共同之处。再如,"教育教学能力"与"沟通与合作能力"之间存在包含关系,良好的"教育教学能力"不能缺少良好的"沟通与合作能力",因此,不宜将二者分开描述。

附：

小学教师专业标准（试行）

（教育部2012年颁布）

为促进小学教师专业发展，建设高素质小学教师队伍，根据《中华人民共和国教师法》和《中华人民共和国义务教育法》，特制定《小学教师专业标准（试行）》（以下简称《专业标准》）。

小学教师是履行小学教育工作职责的专业人员，需要经过严格的培养与培训，具有良好的职业道德，掌握系统的专业知识和专业技能。《专业标准》是国家对合格小学教师专业素质的基本要求，是小学教师实施教育教学活动的基本规范，是引领小学教师专业发展的基本准则，是小学教师培养、准入、培训、考核等工作的重要依据。

一、基本理念

（一）师德为先

热爱小学教育事业，具有职业理想，践行社会主义核心价值体系，履行教师职业道德规范，依法执教。关爱小学生，尊重小学生人格，富有爱心、责任心、耐心和细心；为人师表，教书育人，自尊自律，做小学生健康成长的指导者和引路人。

（二）学生为本

尊重小学生权益，以小学生为主体，充分调动和发挥小学生的主动性；遵循小学生身心发展特点和教育教学规律，提供适合的教育，促进小学生生动活泼学习、健康快乐成长。

（三）能力为重

把学科知识、教育理论与教育实践相结合，突出教书育人实践能力；研究小学生，遵循小学生成长规律，提升教育教学专业化水平；坚持实践、反思、再实践、再反思，不断提高专业能力。

（四）终身学习

学习先进小学教育理论，了解国内外小学教育改革与发展的经验和做法；优化知识结构，提高文化素养；具有终身学习与持续发展的意识和能力，做终身学习的典范。

二、基本内容

维度	领域	基本要求
专业理念与师德	（一）职业理解与认识	1. 贯彻党和国家教育方针政策，遵守教育法律法规。 2. 理解小学教育工作的意义，热爱小学教育事业，具有职业理想和敬业精神。 3. 认同小学教师的专业性和独特性，注重自身专业发展。 4. 具有良好职业道德修养，为人师表。 5. 具有团队合作精神，积极开展协作与交流。
	（二）对小学生的态度与行为	6. 关爱小学生，重视小学生身心健康，将保护小学生生命安全放在首位。 7. 尊重小学生独立人格，维护小学生合法权益，平等对待每一位小学生。不讽刺、挖苦、歧视小学生，不体罚或变相体罚小学生。 8. 信任小学生，尊重个体差异，主动了解和满足有益于小学生身心发展的不同需求。 9. 积极创造条件，让小学生拥有快乐的学校生活。
	（三）教育教学的态度与行为	10. 树立育人为本、德育为先的理念，将小学生的知识学习、能力发展与品德养成相结合，重视小学生全面发展。 11. 尊重教育规律和小学生身心发展规律，为每一个小学生提供适合的教育。 12. 引导小学生体验学习乐趣，保护小学生的求知欲和好奇心，培养小学生的广泛兴趣、动手能力和探究精神。 13. 引导小学生学会学习，养成良好学习习惯。 14. 尊重和发挥好少先队组织的教育引导作用。
	（四）个人修养与行为	15. 富有爱心、责任心、耐心和细心。 16. 乐观向上、热情开朗、有亲和力。 17. 善于自我调节情绪，保持平和心态。 18. 勤于学习，不断进取。 19. 衣着整洁得体，语言规范健康，举止文明礼貌。
专业知识	（五）小学生发展知识	20. 了解关于小学生生存、发展和保护的有关法律法规及政策规定。 21. 了解不同年龄及有特殊需要的小学生身心发展特点和规律，掌握保护和促进小学生身心健康发展的策略与方法。 22. 了解不同年龄小学生学习的特点，掌握小学生良好行为习惯养成的知识。 23. 了解幼小和小初衔接阶段小学生的心理特点，掌握帮助小学生顺利过渡的方法。 24. 了解对小学生进行青春期和性健康教育的知识和方法。 25. 了解小学生安全防护的知识，掌握针对小学生可能出现的各种侵犯与伤害行为的预防与应对方法。
	（六）学科知识	26. 适应小学综合性教学的要求，了解多学科知识。 27. 掌握所教学科知识体系、基本思想与方法。 28. 了解所教学科与社会实践、少先队活动的联系，了解与其他学科的联系。

续 表

维度	领域	基本要求
	（七）教育教学知识	29. 掌握小学教育教学基本理论。 30. 掌握小学生品行养成的特点和规律。 31. 掌握不同年龄小学生的认知规律和教育心理学的基本原则和方法。 32. 掌握所教学科的课程标准和教学知识。
	（八）通识性知识	33. 具有相应的自然科学和人文社会科学知识。 34. 了解中国教育基本情况。 35. 具有相应的艺术欣赏与表现知识。 36. 具有适应教育内容、教学手段和方法现代化的信息技术知识。
专业能力	（九）教育教学设计	37. 合理制定小学生个体与集体的教育教学计划。 38. 合理利用教学资源，科学编写教学方案。 39. 合理设计主题鲜明、丰富多彩的班级和少先队活动。
	（十）组织与实施	40. 建立良好的师生关系，帮助小学生建立良好的同伴关系。 41. 创设适宜的教学情境，根据小学生的反应及时调整教学活动。 42. 调动小学生学习积极性，结合小学生已有的知识和经验激发学习兴趣。 43. 发挥小学生主体性，灵活运用启发式、探究式、讨论式、参与式等教学方式。 44. 发挥好少先队组织生活、集体活动、信息传播等教育功能。 45. 将现代教育技术手段整合应用到教学中。 46. 较好使用口头语言、肢体语言与书面语言，使用普通话教学，规范书写钢笔字、粉笔字、毛笔字。 47. 妥善应对突发事件。 48. 鉴别小学生行为和思想动向，用科学的方法防止和有效矫正不良行为。
	（十一）激励与评价	49. 对小学生日常表现进行观察与判断，发现和赏识每一位小学生的点滴进步。 50. 灵活使用多元评价方式，给予小学生恰当的评价和指导。 51. 引导小学生进行积极的自我评价。 52. 利用评价结果不断改进教育教学工作。
	（十二）沟通与合作	53. 使用符合小学生特点的语言进行教育教学工作。 54. 善于倾听，和蔼可亲，与小学生进行有效沟通。 55. 与同事合作交流，分享经验和资源，共同发展。 56. 与家长进行有效沟通合作，共同促进小学生发展。 57. 协助小学与社区建立合作互助的良好关系。
	（十三）反思与发展	58. 主动收集分析相关信息，不断进行反思，改进教育教学工作。 59. 针对教育教学工作中的现实需要与问题，进行探索和研究。 60. 制定专业发展规划，积极参加专业培训，不断提高自身专业素质。

三、实施建议

（一）各级教育行政部门要将《专业标准》作为小学教师队伍建设的基本依据。根据小学教育改革发展的需要，充分发挥《专业标准》引领和导向作用，深化教师教育改革，建立教师教育质量保障体系，不断提高小学教师培养培训质量。制定小学教师准入标准，严把小学教师入口关；制定小学教师聘任（聘用）、考核、退出等管理制度，保障教师合法权益，形成科学有效的小学教师队伍管理和督导机制。

（二）开展小学教师教育的院校要将《专业标准》作为小学教师培养培训的主要依据。重视小学教师职业特点，加强小学教育学科和专业建设。完善小学教师培养培训方案，科学设置教师教育课程，改革教育教学方式；重视小学教师职业道德教育，重视社会实践和教育实习；加强从事小学教师教育的师资队伍建设，建立科学的质量评价制度。

（三）小学要将《专业标准》作为教师管理的重要依据。制定小学教师专业发展规划，注重教师职业理想与职业道德教育，增强教师育人的责任感与使命感；开展校本研修，促进教师专业发展；完善教师岗位职责和考核评价制度，健全小学绩效管理机制。

（四）小学教师要将《专业标准》作为自身专业发展的基本依据。制定自我专业发展规划，爱岗敬业，增强专业发展自觉性；大胆开展教育教学实践，不断创新；积极进行自我评价，主动参加教师培训和自主研修，逐步提升专业发展水平。

思考问题

1. 教师专业标准的特点是什么？
2. 美国优秀教师的核心标准是什么？
3. 美国教师标准对我国小学教师专业标准的完善有什么启示？
4. 我国小学教师专业标准的基本理念是什么？
5. 我国小学教师专业知识的结构是什么？

第三章 小学教师专业发展阶段

本章重点
- "曲折发展"取向的小学教师专业发展阶段理论
- 我国职称制度对不同专业发展阶段的小学教师的要求
- 小学教师专业发展过程中的现实问题

教师专业发展的研究领域大致分为三个部分,一是教师专业发展的内容,该方面主要从横向角度研究教师专业素质的结构。前一章小学教师专业标准主要就是对小学教师专业发展内容的研究。二是教师专业发展的阶段,该方面主要从纵向角度研究教师专业发展的过程。本章就是对小学教师专业发展过程的研究。三是教师专业发展的促进措施,该方面主要从外围角度研究推进教师专业发展的举措。本书后面的四章就是对小学教师专业发展主要措施的研究。

深入探讨小学教师专业发展阶段的意义主要表现在两个方面。一方面,小学教师通过对教师专业发展阶段的了解,能够更加准确地判断自己专业发展所处的阶段和所面对的问题,从而更加科学地规划自己的专业发展过程,恰当地选择和确定自己的专业发展目标。另一方面,小学教师培训部门和学校能够针对不同发展阶段小学教师的专业发展状况,提供有针对性的促进小学教师专业发展的措施,从而促进小学教师得到更为恰当和适时的专业发展帮助。

关于教师专业发展阶段的调查研究

第一节 小学教师专业发展阶段理论

从世界范围来说,关于教师专业发展阶段的研究是从20世纪60年代开始的,已经取得了丰富的研究成果。这些研究成果大致分为两类,一类是"直线发展"取向的教师专业发展阶段理论研究成果,另一类是"曲折发展"取向的教师专业发展阶段理论研究成果。这两类成果多是研究者通过问卷、访谈等实证研究方法而获得的,研究对象包括幼儿园教师、小学教师和中学教师,但缺少专门针对小学教师专业发展阶段的研究成果。总体来说,幼儿园教师、小学教师和中学教师都属于基础教育范畴,在实际的教育教学中,小学教师专业发展阶段与其他学段教师专业发展阶段有更多的相似性,小学教师专业发展阶段是概括性的基础教育教师专业发展阶段的具体化。

一、"直线发展"取向的小学教师专业发展阶段理论

在"直线发展"取向的小学教师专业发展阶段理论看来,小学教师在专业发展过程中虽然也会遇到问题,但总体来说,小学教师的专业发展过程是持续前进的。下面重点介绍该方面的三个理论研究成果。

(一)富勒(F. Fuller)的教师专业发展阶段理论

1969年美国学者富勒从"教师关注的问题"角度对教师专业发展阶段进行了开创性的研究,从此拉开了有关教师发展阶段研究的序幕。富勒运用《教师关注问卷》进行调查研究,提出教师专业发展分为以下四个阶段。[①]

1. 教学前关注阶段

此阶段是职前培养时期。在此阶段,教师的身份还是师范生,他们还沉浸在学生角色中,因为没有教学经历,他们对教师角色的认识还处于想象阶段。他们只关注自己,对其教师还经常持批判态度,甚至是敌视态度。

2. 早期生存关注阶段

此阶段是教师的入职时期。在此阶段,教师关注对课堂的控制、是否被学生喜欢和他人对自己的评价等与个人生存密切相关的问题。在此阶段,教师表现出明显的焦虑和紧张,感觉到有相当大的压力。

3. 关注教学情境阶段

在此阶段,教师关注的中心是教学情境,而不再是自己的职业生存。教师更多地

---

① 连榕.教师专业发展[M].北京:高等教育出版社,2007:179-180.

关注如何顺利地完成教学任务,他们关注教学时间、教学内容、班级大小等教学情境方面的问题。

4. 关注学生阶段

在此阶段,教师把学生作为关注的中心,关注学生的学习、社会和情感需要,关注如何通过教学更好地影响学生的成绩和表现。

富勒的研究成果对于教师专业发展阶段的前两个时间的划分较为明确,而对于教师专业发展阶段的后两个时间的划分则不够明确。这或许与教师专业发展在入职之后每个阶段的持续时间不确定有关。

根据富勒的研究成果,小学教师在入职后的专业发展过程中,可能在每个阶段都会同时关注生存、关注教学情境、关注学生,然而,在不同的发展阶段,小学教师的关注中心不同,因此,小学教师可以根据自己的关注中心而判断自己的专业发展所处的阶段,从而制定出适合自己的专业发展目标。譬如,当小学教师发现自己更多地关注自己的生存问题时,这就说明其专业发展处于第二阶段,因而其专业发展的恰当目标应该是想方设法促进自己更多地关注教学情境。

(二) 白益民的教师专业发展阶段理论

受富勒研究的启发,我国学者白益民提出了有一定新意的教师专业发展阶段理论。他认为,教师专业发展阶段包括以下五个部分。①

1. 非关注阶段

此阶段是教师接受师范教育之前的时期,一直追溯到教师的孩提时代。在此阶段,教师在无意识之中形成了较为稳定的教育信念,具备一些"直觉式"的"前科学"教育知识。该阶段强调教师的早年成长史对其专业发展的影响。

2. 虚拟关注阶段

此阶段是教师接受师范教育时期。在此阶段,教师处于虚拟的专业学习环境中,师范生对于自己作为专业人员的意识和自我发展意识十分淡漠。

3. 生存关注阶段

此阶段是教师入职的初期。在此阶段,教师面临着来自生活和专业两方面的压力,需要实现由师范生到正式教师角色的转换,需要克服对于教学实践的不适应。

4. 任务关注阶段

该阶段是教师持续而稳定发展的时期。在此阶段,教师由关注自我生存转移到更多地关注教学任务上来。

5. 自我更新关注阶段

在该阶段,教师对自己的专业发展进行反思,有了较明确的自我专业发展意识。

---

① 罗蓉,李瑜. 教师专业发展:理论与实践[M]. 北京:北京师范大学出版社,2012:81.

教师的发展动力转移到专业发展本身,教师直接以自身的专业发展为指向。

与富勒的研究成果一样,该研究成果对于教师专业发展阶段的时间划分也不够明确。另外,本研究成果对于富勒所界定的学生关注阶段的重视程度不够,将其省去或划入任务关注阶段不能彰显教师工作的本质追求。

该研究成果提出教师专业发展的非关注阶段具有重要意义。国外有学者认为,接受师范教育之前的早年成长阶段"对于教师专业发展的影响,即使正式的师范教育也难以匹敌"[①]。我国也有学者指出,中学教师的个性动力系统的形成时间分布情况是:大学前为27.3%,大学中为15.78%,入职后为56.92%;中学教师各种特殊能力的平均形成时间分布情况是:大学前为21.95%,大学中为12.74%,入职后为65.31%。[②]事实上,不少教师往往用早年求学时其教师教育自己的态度和方法来教育自己的学生。

根据白益民的研究成果,早年成长史为小学教师专业发展奠定了重要基础,为一个人成为优秀的小学教师提供了重要的潜质。因此,在小学教育专业招生过程中,应该充分重视面试环节,加大对考生是否具有优秀小学教师潜质的评价权重。

(三) 伯利纳(D. C. Berliner)的教师专业发展阶段理论

美国学者伯利纳认为,教师专业发展分为以下五个阶段。[③]

1. 新手教师阶段

新手教师是经过系统的师范教育,刚刚走上教学工作岗位的教师。一般认为,新手教师所处的时间阶段为入职第一年。新手教师的主要特征是:他们通常是理性的,在分析和思考的基础上处理问题;他们在处理问题时缺乏灵活性,刻板地依赖特定的规范和计划。

2. 熟练新手教师阶段

随着知识和经验的积累,新手教师经过2~3年逐渐成为熟练新手。熟练新手的主要特征是:实践经验和书本知识逐渐整合,他们开始掌握教学过程的内在联系;教学方法和策略方面的知识和经验有所提高,处理问题表现出一定的灵活性;经验对教学行为的指导作用提高,但还不能很好地区分教学情境中的重要信息和无关信息;对自己的教学行为还缺乏一定的责任心。

3. 胜任型教师阶段

大部分熟练新手教师经过3~4年的时间就能够成为胜任型教师,胜任型教师的主要特征是:他们的教学行为有明确的目的性;能够区分出教学情境中的重要信息,

---

① 联合国教科文组织国际教育发展委员会.学会生存:教育世界的今天和明天[M].华东师范大学比较教育研究所,译.北京:教育科学出版社,1996:188.
② 王邦佐,陆文龙.中学优秀教师的成长与高师教改之探索[M].北京:人民教育出版社,1994:46.
③ 张学民,申继亮.国外教师教学专长及发展理论述评[J].比较教育研究,2001(3).

并选择有效的方法或手段,达到教学目标;他们对自己的行为结果表现出更强的责任心,对于成功或者失败表现出强烈的情绪反应。

4. 业务精干型教师阶段

经过5年左右的时间,有相当部分的胜任型教师会成为业务精干型教师。其主要特征是:具有较强的直觉判断能力。由于在长期的教学实践中积累了丰富经验,他们对教学中出现的与以往教学情境类似的情况能够根据直觉进行观察和判断,并做出恰当的反应。教学技能接近了认知自动化的水平。在教学活动中,他们无须太多的意识努力,就能够对教学情境做出准确判断和有效处理,但尚未达到完全认知自动化的水平。他们的教学行为已经达到快捷、流畅、灵活的程度,这是积累了丰富的知识和经验的结果。

5. 专家型教师阶段

经过努力,部分业务精干型教师能够发展成为专家型教师。其主要特征是:他们观察教学情境和处理问题是非理性的,他们不需要进行仔细的分析和思考,凭借经验就能够准确地发现问题,并采取恰当的解决方式。他们的教学技能完全自动化。他们对教学问题的解决不仅达到了快捷、流畅和灵活的程度,而且已经达到了完全自动化的水平。在没有意外发生的情况下,他们不需要有意识的努力就能够处理教学中的各种问题。在一般情况下,他们很少表现出反省思维,一旦问题的结果与预期不一样,他们才会对问题进行反思。

伯利纳对教师专业发展阶段的研究成果比较明确地界定了教师专业发展过程的时间。由于我国对教师专业发展过程的描述大致分为新手教师、胜任教师、骨干教师和专家型教师四个阶段,因此该成果比较适合对我国教师专业发展过程进行深入理解。根据伯利纳的研究成果,小学教师可以很容易地判断出自己的专业发展所处的阶段以及所达到的水平,明确自己在某一阶段专业发展的现实目标和更为恰当的近期和远期目标,从而有针对性地促进自己的专业发展。

二、"曲折发展"取向的小学教师专业发展阶段理论

"曲折发展"取向的小学教师专业发展阶段理论认为,小学教师专业发展的过程不是一帆风顺的,小学教师在发展过程中的某阶段可能出现停顿乃至倒退现象,然而,经过努力,教师在该阶段之后仍可以继续获得专业发展。事实上,任何事物的发展过程都可能会遇到波折,小学教师专业发展也是如此,因此,该取向的小学教师专业发展阶段理论更具有解释力,更符合小学教师专业发展的实际情况,更能为准确认识和有效促进小学教师专业发展提供指导和建议。下面本书重点介绍该方面的三个研究成果。

(一)卡茨(Katz)的教师专业发展阶段理论

美国学者卡茨通过问卷调查和访谈,将教师专业发展阶段划分为以下四个时期。[①]

1. 存活期

该阶段为教师入职时期,大约持续一到两年。在该阶段,教师对教学的设想与现实情况存在差距,教师关心自己在陌生的环境中能否生存。该阶段的教师迫切需要得到教学技术方面的帮助。

2. 巩固期

这一阶段持续到第三年。在该阶段,教师有了比较丰富的处理教学问题的经验,并开始巩固所获得的教学经验,教师关注个别学生,思考如何有效地帮助学生。该阶段的教师还需要专家、同事和学校领导提供帮助和建议。

3. 更新期

该阶段持续到第四年底。在该阶段,教师的专业发展出现波折,教师对机械重复的工作感到厌倦,试图寻找新的方法和技巧。在该阶段,教师需要参加研究会,加入教师专业组织,参加进修活动,以学习新的经验、技巧和方法。

4. 成熟期

该阶段延伸到第五年及以后。在该阶段,教师已习惯于自身的角色,能够深入探讨一些教育问题。该阶段的教师适合参加各种促进教师专业发展的活动,包括参加各种研究会,加入教师团体,进修学位,收集并阅读各种教育资料与信息等。

卡茨的研究成果描述了教师专业发展的曲折性,并对教师专业发展过程的时间进行了明确的划分。该理论的不足之处主要是:在该理论看来,教师工作五年之后就进入成熟期,而在其后漫长的职业生涯中似乎不再继续发展。显然,事实并非如此。该成果对小学教师专业发展的启示是小学教师专业发展过程不是直线前进的,在某一阶段出现波折也是正常的,而且在波折之后,小学教师还会继续获得专业发展。

(二)休伯曼(M. Huberman)的教师专业发展阶段理论

休伯曼等人通过对瑞士教师的调查研究,把教师专业发展阶段划分为以下方面。[②]

1. 入职期

该阶段的时间是教师入职1~3年,这一阶段为教师的"求生和发现期"。在该阶段,教师一方面由于初为人师,有了属于自己的班级、学生和教学方案而积极工作,充满热情,另一方面对复杂的课堂教学感到无所适从,产生理想与现实的失落感,急切

---

① 罗蓉,李瑜. 教师专业发展:理论与实践[M]. 北京:北京师范大学出版社,2012:76.
② 连榕. 教师专业发展[M]. 北京:高等教育出版社,2007:184-185.

希望获得实用的教学技能。

2. 稳定期

该阶段的时间是教师入职4~6年。在该阶段,教师逐渐适应了课堂教学,并可根据实际教育情境以及自己的个性特征探索自己的教学风格。此时的教师对教师职业比较投入,由关注自己转向关注教学活动,不断改进教学技能,情绪较为稳定。

3. 实验或重估期

该阶段的时间是教师入职7~25年。在该阶段,教师专业发展出现挫折,不同的教师走上了不同的专业发展道路。第一类教师不满于现状,积极进行改革,进行实验,且其改革取得成功。这一类教师专业发展比较顺利。第二类教师满足于现状,对年复一年的课堂生活感到单调乏味,感到厌烦,出现职业倦怠,甚至怀疑自己当初的职业选择出现错误。第三类教师虽然积极进行改革,进行实验,但其改革连续受挫,这些教师的专业发展结果同第二类教师相似。在这一阶段,多数教师的专业发展出现危机。

4. 平静或保守期

该阶段的时间是教师入职26~33年左右。在该阶段,教师专业发展也出现分化。一部分教师在经历了实验或重估期后,较好地解决了职业倦怠问题,这些教师变得平静,能够更为轻松地完成教学任务,也更有信心。但随着职业与其目标的逐渐实现,这些教师的志向水平开始下降,对教学工作投入也减少,与学生的关系更为疏远,对学生行为和作业的要求更加严格。另一部分教师则由于职业倦怠问题没有得到很好的解决而变得更加保守,充满抱怨。他们可能会抱怨学生不好,抱怨公众对教育的态度消极,抱怨年轻教师不认真等。

5. 退出教职期

该阶段的时间是教师入职34~40年左右。在这一阶段,教师的专业发展也会产生分化。一部分教师对自己的专业发展比较满意,心情平静;也有些教师由于认为自己没有得到理想的专业发展而伤感。

休伯曼的教师专业发展理论描述了教师专业发展的曲折性和复杂多样性,对教师专业发展的不同路径进行了相当全面的概括,对教师专业发展的全过程进行了总体研究,也明确界定了不同发展阶段的时间。根据该理论,小学教师不仅更容易判断自己的专业发展状况,而且也能够更为恰当地确定自己未来的专业发展目标。

(三)申继亮的教师专业发展阶段理论

我国学者申继亮通过对中学教师的访谈,将教师专业发展划分为以下四个阶段。[①]

---

① 朱旭东.教师专业发展理论研究[M].北京:北京师范大学出版社,2011:317.

1. 学徒或熟悉教学阶段

该阶段的持续时间是教师入职后3～5年。该阶段的主要特点是教师不了解教学,主要任务是教师熟悉教学内容、教学过程、教学对象和教学任务,适应环境,积累经验。

2. 成长或个体经验积累阶段

该阶段的持续时间是5～7年。该阶段的主要特点是教师具备一定的教学能力,主要任务是积累个体经验。在该阶段,教师能够独立、熟练地从事教学,并逐渐形成自己的教学风格,发展出自己的特色。

3. 反思和理论认识阶段

该阶段的持续时间不等。该阶段的主要特点是教师已经具有丰富的教学经验,工作上驾轻就熟,心态平和稳定,但比较容易满足现状,可能出现职业倦怠。该阶段的主要任务是教师深刻领会理论,接受新知识和新技术。

4. 学者阶段

该阶段的持续时间也不等。该阶段的主要特点是教师具有较强的教学监控能力和反思能力,一部分教师摆脱反思期的麻木和满足,继续成长,学识不断丰富,教学监控能力和反思能力进一步提高,并在不断开展科研的过程中使教育能力达到炉火纯青的地步,从而成为一名学者。

该研究成果虽然对教师专业发展阶段的时间划分不够明确,但也比较客观地描述了教师专业发展的曲折性和复杂性。根据该理论,小学教师应该认识到在自己的专业发展过程中出现挫折是很正常的事情,在遇到挫折时,要坦然面对,努力使自己战胜挫折,获得更进一步的专业发展。

从上述理论研究成果来看,小学教师专业发展过程的时间划分既可能是确定的,也可能是不定的,小学教师专业发展的过程既可能是顺利的,也可能是曲折的。与自然研究的领域相比较,作为人文领域的小学教师专业发展不会出现统一的模式。从现实角度说,小学教师在专业发展过程中出现波折是正常的,而经过努力,小学教师获得持续专业发展也是完全可能的。从理想角度说,小学教师的专业发展也可能很顺利,也可能会超越一般的时间阶段划分,而这更大程度上只是小学教师专业发展的美好愿望。所以说,小学教师专业发展出现波折是绝对的,而顺利发展是相对的。

第二节 我国职称制度对小学教师专业发展阶段的划分

从政策角度说,我国小学教师专业发展过程的重要表现之一就是小学教师的职

称晋升。2015年,我国人力资源社会保障部、教育部联合颁布了《关于深化中小学教师职称制度改革的指导意见》(以下简称为《职称制度》),该意见对小学教师职称晋升的具体条件提出了明确要求,在一定程度上对小学教师专业发展阶段做出了制度上的划分。

《职称制度》对小学教师专业发展过程持"直线发展"取向,它明确规定了小学教师专业发展每个阶段的时间,并描述了对每个阶段小学教师专业发展的要求。鉴于《职称制度》对拥有不同学位或学历的小学教师专业发展阶段的界定有不同的规定,且小学教师学历本科化已逐渐成为一种趋势,所以,本书着重分析《职称制度》对具有本科学历的小学教师专业发展阶段的界定。

一、见习阶段

《职称制度》规定,具备本科毕业学历的小学教师的见习期为一年,这一年即为试用期,小学教师没有职称。一年见习期满并考核合格后,具备本科毕业学历的小学教师不需要参加三级教师评审,而直接参加二级教师评审。

参照《职称制度》对小学三级教师的要求,具备本科毕业学历的小学教师应该达到的专业发展水平主要表现在两个方面。一是德育方面的要求,即小学教师要基本掌握教育学生的原则和方法,能够正确教育和引导学生。二是教学方面的要求,即小学教师要具有教育学、心理学和教学法的基础知识,基本掌握所教学科的专业知识和教材教法,能够完成所教学科的教学工作。

二、二级教师阶段

由于《职称制度》规定"具备学士学位或者大学本科毕业学历,并在二级教师岗位任教4年以上"的小学教师才能够参加一级教师评审,因此,具备本科毕业学历的小学二级教师专业发展的阶段是入职第二年到第五年。

《职称制度》对小学二级教师专业发展水平的要求包括三个方面:

一是德育方面的要求,即比较熟练地掌握教育学生的原则和方法,能够胜任班主任、辅导员工作,教育效果较好。与见习期小学教师相比较,二级小学教师不仅德育方面的效果更好,而且要能够胜任班主任、辅导员工作,后者是对二级小学教师专业素质的新要求。

二是教学方面的要求,即掌握教育学、心理学和教学法的基础理论知识,具有所教学科必备的专业知识,能够独立掌握所教学科的课程标准、教材,正确传授知识和技能,教学效果较好。与见习期小学教师相比较,《职称制度》对二级小学教师教学效果的要求更高。

三是教育研究方面的要求,即掌握教育教学研究方法,积极开展教育教学研究和创新实践。教育教学研究方法主要包括文献法、问卷法、访谈法、观察法、比较法、实验法等,《职称制度》要求二级小学教师要运用这些研究方法,积极开展教育教学研究。小学教师的研究与专职研究者不同的是，小学教师还需要将研究成果运用于自己的教育教学实践，积极开展实践创新。因此，小学教师所进行的教育教学研究的对象主要是自己的实践，且要将研究成果付诸行动。

三、一级教师阶段

由于《职称制度》规定具备"学士学位、大学本科毕业学历，并在一级教师岗位任教 5 年以上"的小学教师才能够参加高级教师评审，因此，具备本科毕业学历的小学一级教师专业发展的阶段是入职第六年到第十年。

《职称制度》对小学一级教师专业发展水平的要求包括四个方面：

一是德育方面的要求，即具有正确教育学生的能力，能根据所教学段学生的年龄特征和思想实际，进行思想道德教育，有比较丰富的班主任、辅导员工作经验，并较好地完成任务。与小学二级教师相比较，小学一级教师在德育与班主任、辅导员工作方面应该取得更好的实践成绩。

二是教学方面的要求，即对所教学科具有比较扎实的基础理论和专业知识，独立掌握所教学科的课程标准、教材、教学原则和教学方法，教学经验比较丰富，有较好的专业知识和专业技能，并结合教学开展课外活动，开发学生的智力和能力，教学效果好。与小学二级教师相比较，小学一级教师不仅课堂教学效果更好，而且要能够有效地组织学生开展课外活动。

三是指导新手教师方面的要求，即在培养、指导三级教师或见习期教师提高业务水平和教育教学能力方面做出一定成绩。这里的新手教师是指入职第一年的新教师。

四是教育教学研究方面的要求，即具有一定的组织和开展教育教学研究的能力，并承担一定的教学研究任务，在素质教育创新实践中积累了一定经验。与小学二级教师相比较，小学一级教师应该参与课题研究，独立承担一定的课题研究任务，并将研究成果运用于实践。

四、高级教师阶段

由于《职称制度》规定具备具有"大学本科及以上学历，并在高级教师岗位任教 5 年以上"的小学教师才能参加正高级教师评审，因此，具备本科毕业学历的小学高级教师专业发展的阶段是入职第十一年到第十五年。

《职称制度》对小学高级教师专业发展水平的要求包括四个方面：

一是德育方面的要求，即根据所教学段学生的年龄特征和思想实际，能有效进行思想道德教育，积极引导学生健康成长，比较出色地完成班主任、辅导员工作，教书育人成果比较突出。与小学一级教师相比较，小学高级教师要取得更为突出的德育实践成绩。

二是教学方面的要求，即具有所教学科坚实的理论基础、专业知识和专业技能，教学经验丰富,教学成绩显著,形成一定的教学特色。与小学一级教师相比较,小学高级教师要取得更为显著的教学实践成绩,且形成一定的个人教学风格。

三是指导青年教师方面的要求,即胜任教育教学带头人工作,在指导、培养二级、三级教师方面发挥重要作用,取得明显成效。与小学一级教师相比较,小学高级教师的指导对象扩大为小学二级教师。

四是教育教学研究方面的要求,即具有指导与开展教育教学研究的能力,在课程改革、教学方法等方面取得显著成果,在素质教育创新实践中取得比较突出的成绩。与小学一级教师相比较,小学高级教师不仅要能够指导青年教师开展教育教学研究,而且要取得突出的实践研究成果和实践创新成果。

五、正高级教师阶段

由于《职称制度》规定具备具有"大学本科及以上学历,并在高级教师岗位任教5年以上"的小学教师才能够参加正高级教师评审,因此,具备本科毕业学历的小学正高级教师专业发展的阶段是入职十六年之后。

《职称制度》对小学正高级教师专业发展水平的要求包括四个方面:

一是德育方面的要求,即具有崇高的职业理想和坚定的职业信念;长期工作在教育教学第一线,为促进青少年学生健康成长发挥了指导者和引路人的作用,出色地完成班主任、辅导员等工作任务,教书育人成果突出。与小学高级教师相比较,小学正高级教师要具有突出的德育工作与班主任、辅导员工作成绩。

二是教学方面的要求,即深入系统地掌握所教学科课程体系和专业知识,教育教学业绩卓著,教学艺术精湛,形成独到的教学风格。与小学高级教师相比较,小学正高级教师要具有卓著的教学实践成绩,要具有精湛的教学艺术和独到的教学风格。

三是指导青年教师方面的要求,即在指导和培养一级、二级、三级教师方面做出突出贡献,在本教学领域享有较高的知名度,是同行公认的教育教学专家。与小学高级教师相比较,小学正高级教师的指导对象进一步扩大到小学一级教师,且指导效果突出。

四是教育教学研究方面的要求,即具有主持和指导教育教学研究的能力,在教育思想、课程改革、教学方法等方面取得创造性成果,并广泛运用于教学实践,在实施素质教育中,发挥了示范和引领作用。与小学高级教师相比较,小学正高级教师不仅能够主持教育教学研究,而且要取得卓著的实践研究成果和实践创新成果。更为重要的是,小学正高级教师要取得理论成果,要形成自己的教育思想。

《职称制度》对具有本科毕业学历的小学教师专业发展阶段的划分及不同发展阶段小学教师专业素质的要求列表如表3-1所示:

表 3-1　小学教师专业发展阶段及素质要求

专业发展阶段	专业素质要求
见习阶段：入职 0~1 年	德育素质、教学素质
二级教师阶段：入职 2~5 年	德育素质、教学素质、研究素质
一级教师阶段：入职 6~10 年	德育素质、教学素质、研究素质、指导素质
高级教师阶段：入职 11~15 年	德育素质、教学素质、研究素质、指导素质
正高级教师阶段：入职 16 年以上	德育素质、教学素质、研究素质、指导素质

从表 3-1 可以看出，不同发展阶段的小学教师在德育方面的要求是由基本的德育要求发展为同时做好班主任、辅导员工作；在教学方面的要求是由完成教学任务发展为同时形成个人的教学风格；在研究方面的要求是由实践研究和实践创新发展为同时做好理论研究，由参与课题研究发展为主持课题研究；在指导青年教师方面的要求是由指导较低发展阶段的教师发展为同时指导较高发展阶段的教师，由指导教师的教育教学发展为同时指导教师的教育教学研究。

《职称制度》对小学教师专业发展阶段的界定具有应然性。由于受多种因素的综合影响，一些小学教师可能在既定时间阶段未能达到《职称制度》对教师专业发展的要求，还有一些小学教师可能提前达到《职称制度》对教师专业发展的要求。

由于《职称制度》与小学教师物质和精神利益密切相关，因而它对小学教师专业发展能够起到重要促进作用。然而，《职称制度》对小学教师专业发展的促进作用还有不少局限。其一，假如发展顺利，不到 40 岁，具有本科毕业学历的小学教师就获得正高级教师职称，就达到了职称发展的"天花板"，然而，在 40 岁之后，小学教师的专业发展仍然会持续。其二，由于政策原因，能够获得正高级教师职称的小学教师毕竟非常有限，因此，假如发展顺利，许多小学教师实际上在 35 岁左右就达到了自己专业发展的"天花板"，因此，大量的小学教师在获得高级教师职称后，就很可能会出现专业发展的停滞现象。

第三节　小学教师专业发展过程中的现实问题

任何事物的发展都不是一帆风顺的，从实然角度说，入职后的小学教师专业发展过程也是如此。概括来说，小学教师专业发展所遇到的现实问题主要表现为入职期的困境和发展中的职业倦怠两个方面，深入探讨这些困境对于促进小学教师专业发展具有重要的现实意义。

一、入职期的困境

关于入职期的时间界定,学术界一般认为入职第一年属于入职期,这一时期的教师属于新手教师。从角色角度说,入职期的教师由学生角色转变为教师角色,他们处于教师专业发展的重要转折期,会面临许多困境。有研究指出,在美国,大约有22%的新教师在参加工作的三年后离开教师队伍;在英国,大约有30%至50%的教师会在从教5年内离开教师队伍。除了工资低、工作环境差等原因外,在工作的头几年,难以适应,感到失望、甚至绝望,是教师离职的主要原因。[①] 因此,相关机构与人员必须高度重视教师入职期的困境,帮助新教师顺利渡过入职期。

一般来说,新教师在入职期所遇到的困境主要包括以下四个方面:

1. 教学技能不足

从教学过程角度说,教学技能大致包括教学设计技能、教学实施技能和教学评价技能。在教学设计过程中,入职期的教师往往难以把握教学内容的重点、难点和关键点,难以确定恰当的教学目标,难以找到高质量的教学内容,难以组织好教学内容。在教学实施过程中,入职期的教师往往难以有效地运用口头语言、书面语言、肢体语言和教学媒体来呈现教学内容,不擅长创设教学情境以调动学生的学习积极性,教学过程死板,缺乏灵活性。

2. 管理经验缺乏

入职期教师的管理工作主要包括课堂管理和班级管理两个方面。在课堂管理方面,入职期教师往往难以顺利处理课堂中发生的偶然事件,难以处理学生在课堂中违反纪律、不认真学习的问题。班级管理主要表现为班主任工作。当前,绝大多数学校都会要求入职期教师担任班主任工作,入职期教师在该项工作中,往往会遇到班级组织的建设、个别学生的教育等诸多方面的问题。

3. 人际交往存在压力

这里所说的人际交往不是师生交往,师生交往主要表现在教学和管理过程中。这里的人际交往主要包括入职期的教师与同事、学校领导、学生家长以及社区相关人员之间的交往。入职期的教师往往较难顺利处理好这些人际关系,因而在这方面存在压力。

4. 理论与实践冲突

该冲突主要表现在两个方面。一方面,入职期的教师在接受职前教师教育时学习了大量的教育理论,然而,入职期的教师在教育实践过程中往往难以有效运用这些理论,他们甚至会感觉到以前学习的理论没有用处。另一方面,入职期的教师还会发现以前所学习的理论过于理想化,而实践具有现实性,现实性的实践与理想性的理论

---

① 陈时见,靳玉乐.教师教育课程论:历史透视与国际比较[M].北京:人民教育出版社,2011:241-245.

往往存在反差,甚至相互矛盾。

由于入职期的教师面临上述诸多困境,富勒、休伯曼等学者在其教师专业发展阶段理论中都认为,入职期教师面临着严重的生存问题,体验到明显的生存危机。

入职期是教师专业发展的重要转折期,新教师遇到一定的困境是正常的,然而,经过努力,入职期教师的困境可以更少出现,其程度也可以更轻,这不仅有利于入职期教师的专业发展,而且有利于入职期教师更好地完成教育教学任务,从而更好地促进学生的健康成长。要有效解决入职期教师的困境,必须要了解其成因。我们认为,入职期教师困境的成因主要有以下方面:

首先,入职期教师在接受职前教师教育过程中过于偏重理论学习,对教育实践的体验太少。这在教育实习的数量上可以鲜明地反映出来。当前许多师范院校安排师范生的教育实习时间仅有6周。而在这6周中,师范生往往在第一周进行观摩和适应,而在第六周则进行实习总结,因此,师范生的有效实习时间其实只有4周。在这4周时间中,能够上10节课以上的师范生非常少。

其次,入职期教师在接受职前教师教育过程中严重缺乏管理经验。多数师范生在接受职前教师教育过程中不承担干部责任,除了教育实习之外,许多师范生也缺乏管理经验,因此,这些师范生一旦入职,就难以有效地管理学生。

再次,受应试教育的影响,师范生在中小学教育阶段过于偏重书本知识的学习,而对人际关系的学习和实践不足。而在接受职前教师教育过程中,师范生虽然有更多自由支配的时间,然而,许多师范生往往把自由时间花在独立学习和上网方面,对于真实的人际交往也往往不够重视。

最后,由于缺乏社会经验,入职期教师往往具有理想主义倾向,对社会现实和教育现实缺乏全面而深入的了解,难以认识到现实社会和教育的复杂性。

针对入职期教师所面临的困境及其成因,我们认为,相关主体需要做出以下努力:

首先,职前教师教育机构应大力加强课程的实践性。一方面,在理论课程中,职前教师教育机构应重视运用案例教学方式,将理论知识与小学教育教学实践密切结合。另一方面,职前教师教育机构应充分重视教育见习和实习。从数量方面说,职前教师教育机构应切实贯彻执行《教育部关于大力推进教师教育课程改革的意见》,将教育见习和教育实习时间延长至18周。从质量方面说,职前教师教育机构应加强对师范生教育见习和教育实习的指导。在教育实习中,采取各种措施,调动高校和小学实习教师指导的积极性,并重视二者之间的合作。

其次,在入职期教师培训方面,培训机构不仅应采取讲座报告等形式,更应采取案例观摩与研讨、课例研究等形式,增强培训的有效性。从学校方面说,小学应该充分发挥校本培训帮助入职期教师走出困境的重要作用,当前尤其要重视从责权利相结合的角度有效运用师徒制校本培训方式。在责方面,学校应该慎重选择入职期教师的导师,明确规定导师的职责,充分赋予导师权力。更为重要的是,学校要合理给予导师恰当的回报,从评优评先、职称晋升、工作量认定、绩效考核等方面充分体现导师的指导价值。

再次,学校管理者应该合理安排和评价入职期教师的工作。在工作安排方面,由于入职期教师教学技能不够熟练,管理经验不足,他们往往需要更多时间来完成工作,由于人的工作时间是一定的,因此,学校应适当减少入职期教师的工作量,为入职期教师提供更多的学习时间,并帮助入职期教师更为精细、更为全面地开展工作,分析和解决实践问题。在工作评价方面,学校管理者应给予入职期教师更多的人文关怀,应理解、宽容入职期教师所出现的实践问题,并重视采取发展性评价方法,充分肯定入职期教师的进步。

最后,入职期教师需要科学地进行自我调整和提升。入职期教师应该认识到在工作初期遇到诸多困境是正常的,从而在困境面前不气馁,不退缩,坦然地面对困境。入职期教师应该重视与他人沟通,告诉他人自己所面临的困惑,虚心向他人请教。这样,入职期教师不仅能够疏解由职业困境所造成的心理压力,而且能够获得他人更多的帮助。入职期教师应该更多地学习优秀教师的经验,通过直接观摩和阅读有关案例,不断丰富实践经验。另外,入职期教师还应该坚持进行实践反思,不断积累成功的经验,并加以发扬光大,吸取失败的教训,竭力避免重蹈覆辙。

二、发展中的职业倦怠

职业倦怠是个体在长期的职业压力下,由于缺乏应对职业压力的资源和能力,而产生的身心耗竭状态。职业倦怠容易产生的职业是助人职业,如医护人员、社会工作者、警察等。助人职业的典型特征是高情感、高奉献。由于教师职业属于典型的助人职业,因此,教师是职业倦怠的高发人群。有研究表明,农村小学教师职业倦怠的平均检出率高达25.4%,中度和高度职业倦怠的农村小学教师占总数的23.7%,即有1/4左右的农村小学教师呈现明显的职业倦怠。[1] 职业倦怠严重影响小学教师自身的专业发展,不仅如此,职业倦怠还影响小学教师的身心健康和教育教学质量,进而危及学生的健康成长。因此,深入探讨小学教师职业倦怠的表现、成因与对策具有重要现实意义。[2]

小学教师职业倦怠的表现主要有以下三个方面:

1. 情绪耗竭

它是指小学教师在与他人互动过程中,缺乏活力,没有工作热情,情绪波动大,容易迁怒他人,自己的感情处于极度疲劳状态,感到自己情绪资源耗尽,感到焦虑、紧张、孤独、情感压抑。情绪耗竭属于职业倦怠的个体压力维度的表征,它是职业倦怠最明显的症状。与情绪耗竭相伴随的是生理耗竭,它主要表现为慢性疲劳、力不从

---

[1] 黄建红.农村小学教师职业倦怠现状及其干预对策——基于广西农村小学教师的调查[J].玉林师范学院学报(哲学社会科学版),2015(6).
[2] 连榕.教师专业发展[M].北京:高等教育出版社,2007:148-154.

心、疲乏虚弱、睡眠障碍、头痛、食欲异常等。

2. 去人性化

去人性化是指个体在与他人互动过程中，以不带感情或冷漠的方式回应周围人群，刻意在自身和工作对象之间保持距离，对工作对象或组织表现出情感的冷漠、疏远等负面态度。对于小学教师来说，去人性化主要表现为小学教师不把学生当"人"看待，而把学生当作无感情的"物"看待，在工作中较少接触学生，或拒绝接纳学生，甚至对学生进行体罚或变相体罚。同时，小学教师对同事也常常持有多疑的态度。在小学教师职业倦怠中，去人性化属于人际关系维度的表征。当出现职业倦怠时，小学教师难以处理好与学生、同事、学生家长、学校管理者等相关主体之间的关系。

3. 个人成就感低

个人成就感低属于职业倦怠的自我评价维度的表征，它是指个体缺乏自信，对于自己工作的意义和自己的工作能力给予很低的评价。对于小学教师来说，个人成就感低主要表现为小学教师感到自己的工作没有价值，自己难以给学生显著的影响，难以有效促进学生发展。在工作出现问题时，小学教师倾向于自我贬损，将工作中的问题归因于个人缺乏能力。个人成就感低的小学教师常常出现职业退缩行为，工作积极性丧失，不愿付出努力。

每个年龄阶段的小学教师都可能出现职业倦怠，只是程度不同而已。比较来说，在专业发展中期，小学教师出现职业倦怠的可能性更大。研究表明，小学教师职业倦怠在性别、学历、教龄、职责等因素上均无显著差异。[①] 一般认为，小学教师职业倦怠的成因主要有以下方面：

一是个性因素。在同样的工作环境中，有的小学教师可能会出现职业倦怠，而有的则不会出现职业倦怠。因此，职业倦怠与小学教师的个性因素有一定关系。容易导致小学教师职业倦怠的个性因素主要有以下方面：

（1）外控性格。内控性格的人往往认为结果取决于内在原因，人的行为、个性和能力是事情发展的决定性因素，深信自己能掌握自己的命运，而外控性格的人更多地认为事情的结果是由机遇、运气、社会背景、任务难度、他人等超越自己控制能力的外部力量所决定。与内控性格的人相比较，具有外控性格的人更容易感受到工作压力。

（2）A型性格。A型性格的人脾气比较火爆、有闯劲、遇事容易急躁、不善克制、喜欢竞争、好斗、爱显示自己才华，对人常存戒心等。A型性格的人由于经常会给自己压力和对人有较强的戒心，因而容易出现职业倦怠。

（3）神经质。神经质意味着个体具有体验消极情绪的倾向性和情绪的不稳定性。高神经质个体倾向于有心理压力、不现实的想法、过多的要求和冲动，更容易体验到诸如愤怒、焦虑、抑郁等消极的情绪。他们对外界刺激的反应更为强烈，对情绪

---

① 赵守盈，陈维. 贵阳市小学教师职业倦怠现状[J]. 教育研究与实验，2010(3).

的调节和应对能力较差,经常处于一种不良的情绪状态下。

(4)消极的应对策略。在工作中,每个人都会遇到困难。在遇到困难时,运用积极应对策略的人能够正面应对困难,积极寻找支持,努力解决问题。而运用消极应对策略的人则会逃避问题,或否认问题的存在。后者会加重职业倦怠的程度。

(5)过高的工作期望。过高的工作期望主要表现为期望通过自己的努力,学生会得到很好的发展。然而,在现实职业生活中,小学教师过高的工作期望往往难以实现,学生往往会出现一些问题,不能满足教师的期望,在这种情况下,小学教师就容易出现职业倦怠。

二是组织因素。这里的组织因素既包括小学教师所在的学校,也包括小学教师所属的教育行政管理部门。导致小学教师职业倦怠的组织因素主要有以下方面:

(1)工作超负荷。当承担过多的工作,或者承担过难的工作时,小学教师难以按时圆满地完成任务,在这种情况下,小学教师就容易产生职业倦怠。

(2)角色冲突与角色模糊。当个体面对两种或两种以上冲突情境而又被要求做出角色行为时,角色冲突就会出现。当个体对职业的权利、义务和责任缺乏清晰而一致的认识时,角色模糊就会出现。角色冲突和角色模糊会使小学教师在做出职业行为决定时无所适从,进而产生职业倦怠。

(3)缺乏自主权。小学教师是履行教育教学职责的专业人员,应该拥有专业自主权。而当小学教师缺乏自主权,在职业范围内没有自主决策的机会时,小学教师的士气和工作满意度就会下降,自尊会受到伤害,进而产生职业倦怠。

(4)社会支持不足。这里的社会支持包括精神支持和物质支持两个方面。从精神支持角度说,学校、教育管理部门对小学教师提出过高的要求,不容许小学教师出现些许错误,甚至不容许小学教师出现所谓"境界不高"的常人行为,否则就对其进行批评指责,这就会使小学教师的人格尊严受到伤害,进而出现职业倦怠。从物质支持角度说,当高付出没有得到相应的回报,或者没有得到公平的回报时,小学教师也容易产生职业倦怠。

根据小学教师职业倦怠的表现及其成因,小学教师职业倦怠的干预措施主要包括个人和组织两个层面的干预措施。

从个人层面说,小学教师职业倦怠的干预措施主要有以下方面:

(1)改变观念

小学教师应该恰当评价自己的付出,对自己的回报有合理的预期,从而使二者之间达到平衡。小学教师对于自己工作的期望要具有现实性,要容许学生暂时出现一些不恰当的行为,要认识到教育工作的复杂性、长期性。小学教师要努力形成内控性的归因习惯,充满自信,相信通过自己的努力,运用自己的专业知识和能力,能够解决问题。

(2)采取积极的应对策略

在遇到问题时,小学教师不能选择逃避,而应该采取积极的应对策略,尽最大努力解决问题。小学教师应该分清问题的轻重缓急,合理分配自己的时间和精力。在教育教学过程中,小学教师不能凡事都亲力亲为,不能事无巨细地管理和教育学生。小学教师应该努力培养学生的自我教育、自我管理的能力和习惯,充分调动学生的积极主动性,引导学生自主解决问题,获得发展。

(3) 重视健身和发展业余爱好

职业倦怠往往伴随着生理机能的降低,而疲乏虚弱、睡眠障碍、头痛等生理机能的下降又会进一步加剧职业倦怠。因此,小学教师应该加强健身,坚持锻炼,为应对工作压力提供良好的生理基础。另外,阅读、练习书法、演奏乐器、欣赏艺术作品、观光旅游、朋友聚会等一些业余爱好也有助于小学教师克服职业倦怠。

从学校层面说,小学教师职业倦怠的干预措施主要有以下方面:

(1) 合理安排小学教师的工作

首先,学校管理者要恰当安排小学教师的工作数量,避免小学教师承受过多的工作压力。其次,学校管理者要科学制定小学教师的工作目标,努力使小学教师经过努力能够实现工作目标。最后,学校管理者要为小学教师提出明确而一致的工作要求,使小学教师避免出现角色冲突和角色模糊。

(2) 科学评价小学教师的工作

首先,学校管理者应该全面评价小学教师的工作,既应看到小学教师的不足,更应看到小学教师的成绩,而不能以偏概全,求全责备。其次,学校管理者应该公正评价教师的工作,使小学教师的工作得到合理的物质和精神回报。最后,学校管理者应该重视对小学教师进行发展性评价,通过评价为小学教师提供专业发展的重点方向和改进的具体建议。

(3) 为小学教师提供多方面支持

首先,学校管理者应该为小学教师应对问题提供专业支持。当小学教师遇到难以解决的问题时,学校管理者可以通过安排学校专业人员、邀请校外专家等途径给予小学教师有针对性的帮助。其次,学校管理者应该发扬民主,尊重小学教师,倾听小学教师的建议和意见。最后,学校管理者应该为小学教师提供更多的人文关怀,譬如,为小学教师定期提供体检和心理辅导,开展集体文娱活动,丰富小学教师的精神生活。

附:

关于深化中小学教师职称制度改革的指导意见

人社部发〔2015〕79号

中小学教师是我国专业技术人才队伍的重要组成部分,是全面实施素质教育、推动教育事业又好又快发展的重要力量。1986年开始建立的以中小学教师职务聘任制为主要内容的中小学教师职称制度,对调动广大中小学教师的积极性、提高中小学教师队伍整体素质、促进基础教育事业发展发挥了积极作用。随着中小学人事制度改革的深入推进、素质教育的全面实施和教师队伍结构的不断优化,现行的中小学教师职称制度存在着等级设置不够合理、评价标准不够科学、评价机制不够完善、与事业单位岗位聘用制度不够衔接等问题。深化中小学教师职称制度改革、完善符合中小学教师特点的专业技术职务任职评价制度,是贯彻《党中央、国务院关于进一步加强人才工作的决定》中关于完善人才评价机制、深化职称制度改革要求的重要举措,是落实义务教育法的重要任务,是推进职称制度分类改革的重要内容,对于加强教师队伍建设,激励广大教师教书育人,吸引和稳定优秀人才长期从教、终身从教,具有重大意义。为落实《国家中长期人才发展规划纲要(2010—2020年)》和《国家中长期教育改革和发展规划纲要(2010—2020年)》要求,建设高素质专业化的中小学教师队伍,经国务院同意,现就深化中小学教师职称制度改革提出如下指导意见。

一、改革的指导思想和基本原则

(一)深化中小学教师职称制度改革的指导思想

全面贯彻落实党的十八大和十八届二中、三中、四中全会精神,按照党中央、国务院决策部署,遵循教育发展规律和教师成长规律,按照深化职称制度改革的方向和总体要求,建立与事业单位聘用制度和岗位管理制度相衔接、符合教师职业特点、统一的中小学教师职称(职务)制度,充分调动广大中小学教师的积极性,为中小学聘用教师提供基础和依据,为全面实施素质教育提供制度保障和人才支持。

(二)深化中小学教师职称制度改革的基本原则

1. 坚持以人为本,遵循中小学教师成长规律和职业特点,提高中小学教师职业地位,促进中小学教师全面发展;

2. 坚持统一制度、分类管理,建立统一的制度体系,体现中学和小学的不同特点;

3. 坚持民主、公开、竞争、择优,鼓励优秀人才脱颖而出;

4. 坚持重师德、重能力、重业绩、重贡献,激励中小学教师提高教书育人水平;

5. 坚持与中小学教师岗位聘用制度相配套,积极稳妥、协同推进,妥善处理改革发展稳定的关系。

二、改革的主要内容

深化中小学教师职称制度改革围绕健全制度体系、拓展职业发展通道、完善评价标准、创新评价机制,形成以能力和业绩为导向、以社会和业内认可为核心、覆盖各类中小学教师的评价机制,建立与事业单位岗位聘用制度相衔接的职称制度。改革的主要内容包括:

(一)健全制度体系

1. 改革原中学和小学教师相互独立的职称(职务)制度体系。贯彻落实义务教育法,建立统一的中小学教师职务制度,教师职务分为初级职务、中级职务和高级职务。原中学教师职务系列与小学教师职务系列统一并入新设置的中小学教师职称(职务)系列。

2. 统一职称(职务)等级和名称。初级设员级和助理级;高级设副高级和正高级。员级、助理级、中级、副高级和正高级职称(职务)名称依次为三级教师、二级教师、一级教师、高级教师和正高级教师。

3. 统一后的中小学教师职称(职务),与原中小学教师专业技术职务的对应关系是:原中学高级教师(含在小学中聘任的中学高级教师)对应高级教师;原中学一级教师和小学高级教师对应一级教师;原中学二级教师和小学一级教师对应二级教师;原中学三级教师和小学二级、三级教师对应三级教师。

4. 统一后的中小学教师职称(职务)分别与事业单位专业技术岗位等级相对应:正高级教师对应专业技术岗位一至四级,高级教师对应专业技术岗位五至七级,一级教师对应专业技术岗位八至十级,二级教师对应专业技术岗位十一至十二级,三级教师对应专业技术岗位十三级。

(二)完善评价标准

1. 中小学教师专业技术水平评价标准,是中小学教师职称评审的重要基础和主要依据。中小学教师专业技术水平评价标准,要适应实施素质教育和课程改革的新要求,充分体现中小学教师职业特点,着眼于中小学教师队伍长远发展,并在实践中不断完善。要充分考虑教书育人工作的专业性、实践性、长期性,坚持育人为本、德育为先,注重师德素养,注重教育教学工作业绩,注重教育教学方法,注重教育教学一线实践经历,切实改变过分强调论文、学历的倾向,引导教师立德树人,爱岗敬业,积极进取,不断提高实施素质教育的能力和水平。

2. 国家制定中小学教师专业技术水平评价的基本标准条件(见附件)。各省、自治区、直辖市及新疆生产建设兵团(以下简称各省)根据本地教育发展情况,结合各类中小学校的特点和教育教学实际,制定中小学教师具体评价标准条件。具体评价标准条件要综合考虑乡村小学和教学点实际,对农村教师予以适当倾斜,稳定和吸引优秀教师在边远贫困地区乡村小学和教学点任教。中小学正高级教师、高级教师的具体评价标准条件要体现中学、小学的不同特点和要求,有所区别。对于少数特别优秀的教师,可制定相应的破格评审条件。各省具体评价标准条件可在国家基本标准条件的基础上适当提高。

(三)创新评价机制

1. 建立以同行专家评审为基础的业内评价机制。建立健全同行专家评审制度。各省要加强对中小学教师职称评审工作的领导和指导,完善评委会的组织管理办法,扩大评委会组成人员的范围,注重遴选高水平的教育教学专家和经验丰富的一线教师,健全评委会工作程序和评审规则,建立评审专家责任制。

2. 改革和创新评价办法。认真总结推广同行专家评审在中小学教师专业技术水平评价中的成功经验，继续探索社会和业内认可的实现形式，采取说课讲课、面试答辩、专家评议等多种评价方式，对中小学教师的业绩、能力进行有效评价，确保评价结果的客观公正，增强同行专家评审的公信力。要在水平评价中全面推行评价结果公示制度，增加评审工作的透明度。

（四）实现与事业单位岗位聘用制度的有效衔接

1. 中小学教师职称评审是中小学教师岗位聘用的重要依据和关键环节，岗位聘用是职称评审结果的主要体现。中小学教师岗位出现空缺，教师可以跨校评聘。公办中小学教师的聘用和待遇，按照事业单位岗位管理制度和收入分配制度管理和规范。

2. 中小学教师职称评审，在核定的岗位结构比例内进行。中小学教师竞聘上一职称等级的岗位，由学校在岗位结构比例内按照一定比例差额推荐符合条件的教师参加职称评审，并按照有关规定将通过职称评审的教师聘用到相应教师岗位。人力资源社会保障部门、教育行政部门应及时兑现受聘教师的工资待遇，防止在有评审通过人选的情况下出现"有岗不聘"的现象。

3. 坚持中小学教师岗位聘用制度。按照深化事业单位人事制度改革以及中小学人事制度改革的要求，全面实行中小学教师聘用制度和岗位管理制度，发挥学校在用人上的主体作用，实现中小学教师职务聘任和岗位聘用的统一。要建立健全考核制度，加强聘后管理，在岗位聘用中实现人员能上能下。

4. 中小学教师职称评审和岗位聘用工作，要健全完善评聘监督机制，充分发挥有关纪检监察部门和广大教师的监督作用，确保评聘程序公正规范，评聘过程公开透明。评聘工作按照个人申报、考核推荐、专家评审、学校聘用的基本程序进行。

个人申报。中小学教师竞聘相应岗位，要按照不低于国家和当地制定的评价标准条件，按规定程序向聘用学校提出申报。

考核推荐。学校对参加竞聘的教师，要结合其任现职以来各学年度的考核情况，通过多种方式进行全面考核。根据考核结果，经集体研究，由学校在核定的教师岗位结构比例内按照一定比例差额推荐拟聘人选参加评审。

专家评审。由同行专家组成的评委会，按照评价标准和办法，对学校推荐的拟聘人选进行专业技术水平评价。评审结果经公示后，由人力资源社会保障部门审核确认。

学校聘用。中小学根据聘用制度的有关规定，将通过评审的教师聘用到相应岗位。

5. 对改革前已经取得中小学教师专业技术职务任职资格但未被聘用到相应岗位的人员，原有资格依然有效，聘用到相应岗位时不再需要经过评委会评审。

各地区要结合实际制定具体办法,对这部分人员择优聘用时给予适当倾斜。

6. 在乡村学校任教(含城镇学校教师交流、支教)3年以上、经考核表现突出并符合具体评价标准条件的教师,同等条件下优先评聘。

7. 中小学教师高级、中级、初级岗位之间的结构比例,以及高级、中级、初级岗位内部各等级的结构比例,根据新的中小学教师职称等级体系,按照国家关于中小学岗位设置管理的有关规定执行。其中,正高级教师数量国家实行总量控制。

三、改革的组织实施

深化中小学教师职称制度改革政策性强,涉及面广,涉及人数多,社会影响大,改革本身涉及制度统一、人员过渡、标准制定和评审等诸多环节,工作十分复杂,各地情况又差别很大,必须按照国家的统一要求和部署开展工作。人力资源社会保障部、教育部联合成立改革领导小组,统一领导改革工作。领导小组下设办公室,具体负责改革的组织实施、政策指导和监督检查等工作。

(一)提高认识,加强领导。各省要充分认识改革的重大意义,将深化中小学教师职称制度改革作为当前加强中小学教师队伍建设的首要任务,予以高度重视,切实加强领导。要成立省政府领导牵头的改革工作领导小组,建立有效的工作机制,切实加强对改革的组织领导。各级人力资源社会保障部门和教育部门要按照现有职能分工,密切配合,做好相关工作。

(二)结合实际,周密部署。各省要根据本意见精神,紧密结合本地实际,抓紧制定本地区改革具体实施方案和配套办法,报经人力资源社会保障部、教育部批准后组织实施。在推进改革的过程中,各地要开展全面深入的调研,充分掌握本地区中小学情况和教师队伍状况,全方位考虑工作中可能遇到的各种情况和问题,细化工作措施,完善工作预案,深入细致地做好政策解释、舆论宣传和思想政治工作,引导广大教师积极支持和参与改革,确保改革顺利推进。

(三)平稳过渡,稳慎实施。要充分认识改革的复杂性,妥善做好新老人员过渡和新旧政策衔接工作,确保改革顺利有序推进。现有在岗中小学教师,由各级人力资源社会保障部门、教育部门按照原中小学教师专业技术职务与统一后的职称(职务)对应关系,以及现聘任的职务等级,直接过渡到统一后的职称(职务)体系,并统一办理过渡手续。在平稳过渡的基础上,各级别新的职称(职务)评聘工作,严格按照本意见规定的原则要求、标准条件、评价办法、评聘程序等进行。

中小学教师职称(职务)评聘工作分级组织实施。高级教师及以下职称(职务)等级教师的评聘工作,由各省按照本意见制定本地区的实施办法和相关配套政策,并组织实施。正高级教师由人力资源社会保障部、教育部核定数量,各省具体组织评审,评审结果报两部备案。

各省要及时总结经验,发现、研究和解决改革出现的新情况、新问题,妥善处理改革、发展和稳定的关系。遇到重要情况及时向两部报告。各省改革进展情况请及时报送两部改革领导小组办公室。

本意见适用于普通中小学、职业中学、幼儿园、特殊教育学校、工读学校及省、市、县教研室和校外教育机构。

民办中小学校教师可参照本意见参加职称评审。

附：

中小学教师水平评价基本标准条件

一、拥护党的领导，胸怀祖国，热爱人民，遵守宪法和法律，贯彻党和国家的教育方针，忠诚于人民教育事业，具有良好的思想政治素质和职业道德，牢固树立爱与责任的意识，爱岗敬业，关爱学生，为人师表，教书育人。

二、具备相应的教师资格及专业知识和教育教学能力，在教育教学一线任教，切实履行教师岗位职责和义务。

三、身心健康。

四、中小学教师评聘各级别职称（职务），除必须达到上述标准条件，还应分别具备以下标准条件：

正高级教师

1. 具有崇高的职业理想和坚定的职业信念；长期工作在教育教学第一线，为促进青少年学生健康成长发挥了指导者和引路人的作用，出色地完成班主任、辅导员等工作任务，教书育人成果突出；

2. 深入系统地掌握所教学科课程体系和专业知识，教育教学业绩卓著，教学艺术精湛，形成独到的教学风格；

3. 具有主持和指导教育教学研究的能力，在教育思想、课程改革、教学方法等方面取得创造性成果，并广泛运用于教学实践，在实施素质教育中，发挥了示范和引领作用；

4. 在指导、培养一级、二级、三级教师方面做出突出贡献，在本教学领域享有较高的知名度，是同行公认的教育教学专家；

5. 一般应具有大学本科及以上学历，并在高级教师岗位任教5年以上。

高级教师

1. 根据所教学段学生的年龄特征和思想实际，能有效进行思想道德教育，积极引导学生健康成长，比较出色地完成班主任、辅导员等工作，教书育人成果比较突出；

2. 具有所教学科坚实的理论基础、专业知识和专业技能，教学经验丰富，教学业绩显著，形成一定的教学特色；

3. 具有指导与开展教育教学研究的能力，在课程改革、教学方法等方面取得显著的成果，在素质教育创新实践中取得比较突出的成绩；

4. 胜任教育教学带头人工作，在指导、培养二级、三级教师方面发挥了重要作用，取得了明显成效；

5. 具备博士学位，并在一级教师岗位任教2年以上；或者具备硕士学位、学士学位、大学本科毕业学历，并在一级教师岗位任教5年以上；或者具备大学专科毕业学历，并在小学、初中一级教师岗位任教5年以上。城镇中小学教师原则上要有1年以上在薄弱学校或农村学校任教经历。

一级教师

1. 具有正确教育学生的能力，能根据所教学段学生的年龄特征和思想实际，进行思想道德教育，有比较丰富的班主任、辅导员工作经验，并较好地完成任务；

2. 对所教学科具有比较扎实的基础理论和专业知识，独立掌握所教学科的课程标准、教材、教学原则和教学方法，教学经验比较丰富，有较好的专业知识技能，并结合教学开展课外活动，开发学生的智力和能力，教学效果好；

3. 具有一定的组织和开展教育教学研究的能力，并承担一定的教学研究任务，在素质教育创新实践中积累了一定经验；

4. 在培养、指导三级教师提高业务水平和教育教学能力方面做出一定成绩；

5. 具备博士学位；或者具备硕士学位，并在二级教师岗位任教2年以上；或者具备学士学位或者大学本科毕业学历，并在二级教师岗位任教4年以上；或者具备大学专科毕业学历，并在小学、初中二级教师岗位任教4年以上；或者具备中等师范学校毕业学历，并在小学二级教师岗位任教5年以上。

二级教师

1. 比较熟练地掌握教育学生的原则和方法，能够胜任班主任、辅导员工作，教育效果较好；

2. 掌握教育学、心理学和教学法的基础理论知识，具有所教学科必备的专业知识，能够独立掌握所教学科的教学大纲、教材、正确传授知识和技能，教学效果较好；

3. 掌握教育教学研究方法，积极开展教育教学研究和创新实践；

4. 具备硕士学位；或者具备学士学位或者大学本科毕业学历，见习期1年期满并考核合格；或者具备大学专科毕业学历，并在小学、初中三级教师岗位任教2年以上；或者具备中等师范学校毕业学历，并在小学三级教师岗位任教3年以上。

三级教师

1. 基本掌握教育学生的原则和方法，能够正确教育和引导学生；

2. 具有教育学、心理学和教学法的基础知识,基本掌握所教学科的专业知识和教材教法,能够完成所教学科的教学工作;

3. 具备大学专科毕业学历,并在小学、初中教育教学岗位见习1年期满并考核合格;或者具备中等师范学校毕业学历,并在小学教育教学岗位见习1年期满并考核合格。

人力资源社会保障部　教育部
2015年8月28日

思考问题

1. 简述富勒的教师专业发展阶段理论。
2. 简述休伯曼的教师专业发展阶段理论。
3. 入职期小学教师遇到的困境有哪些?
4. 小学教师如何有效克服职业倦怠?
5. 教授级小学教师应该具备的专业素质是什么?

第四章
自我反思与小学教师专业发展

本章重点
➢ 小学教师自我反思的内涵
➢ 小学教师自我反思的主要途径

中华人民共和国教育部于2011年颁布的《教师教育课程标准(试行)》十分重视自我反思在教师专业发展中的作用,该文件在"基本理念"部分指出,教师是反思性实践者,在研究自身经验和改进教育教学行为的过程中实现专业发展;在"在职教师教育课程设置框架建议"部分,该标准把"反思性教学"作为教师提升自身经验的一个课程模块。中华人民共和国教育部于2012年颁布的《小学教师专业标准(试行)》更加明确地强调自我反思对于教师专业发展的意义,该文件在"基本理念"部分指出,小学教师应"坚持实践、反思、再实践、再反思,不断提高专业能力";在"反思与发展"领域指出,小学教师应"主动收集分析相关信息,不断进行反思,改进教育教学工作"。

在教师教育理论研究领域,实践反思也已经成为教师专业发展的一种重要策略。我国学者叶澜认为:"一个教师写一辈子教案不可能成为名师,如果一个教师写三年教学反思就有可能成为名师。"林崇德提出了优秀教师成长公式,即优秀教师=教育过程+反思。美国学者波斯纳提出了一个更具有影响的教师成长公式,即教师成长=经验+反思。他指出,如果一个教师仅仅满足于获得经验而不对经验进行深入的思考,那么,即使有"20年的教学经验,也许只是一年工作的20次重复;除非……善于从经验反思中吸取教益,否则就不可能有什么改进"[①]。在本章,我们将对小学教师自我反思的内涵、自我反思对小学教师专业发展的促进作用、小学教师自我反思的主要方式进行深入探讨。

自我反思拓展阅读

---
① 张立昌.试论教师的反思及其策略[J].教育研究,2001(12).

第一节 小学教师自我反思的内涵

小学教师自我反思是指小学教师以自己当前的教育教学实践为思考对象,对自己在职业活动中所做出的行为以及由此产生的结果进行审视和分析的过程。其内涵主要包括以下方面。

一、小学教师自我反思的主体是自己

从语言学角度说,小学教师自我反思的主体是小学教师自己,它是小学教师对自己的职业行为及其结果的反思。这本应不会产生歧义,然而,常有人对此产生不同的看法。譬如,有研究者认为,教师自我反思的方式包括教育叙事、反思日记、反思随笔、理论学习、微格教学、相互观摩、对话研讨、建立档案等类型。其中,教师相互观摩是指教师相互观察并描述所观察到的情境,相互交换意见;对话研讨是指教师寻找教学中普遍存在的问题,与同行教师共同交流,分析成败得失。① 有研究者指出,教师自我反思的方法和策略包括内省式反思、交流式反思、学习式反思、研究式反思。交流式反思又包括观摩交流、专家会诊、微格教学等具体方法。其中,观摩交流是指教师之间相互观摩、分析交流观摩到的情境,提出问题,共同研究解决问题的方案。专家会诊是指专业研究人员、学校领导、同行教师定期对教师教育教学会诊,从中发现教师教育教学工作中存在的不足,并通过共同研究来解决问题。② 在教师之间的交流中,反思行为的主体不是某个教师自己,而是教师群体。虽然教师之间的交流对教师专业发展具有重要意义,但是,它不应该属于教师自我反思范畴,而应该属于教师之间的同伴互助范畴。在专家会诊这一反思的过程中,反思的主体也不是个体的教师自己,而是包括教师自己和其他专家。显然,专家会诊对于教师专业发展同样具有重要意义,但是,它也不属于教师自我反思范畴,而属于专业引领范畴。

二、小学教师自我反思的对象是自己当下的实践

小学教师的日常工作是复杂繁重的,有小学教师经历的人或对小学教师日常工作进行过深入调查的人都会认同这一点。在一天之中,从进入学校到离开学校,小学教师基本上没有空闲时间。在"八小时"工作时间之外,小学教师还可能会继续工作,还可能会进行专业学习,因此,小学教师自我反思的最主要的对象不能是他人的实

---

① 吕达,刘捷.超越经验:在自我反思中实现专业发展[J].教育学报,2005(4).
② 余文森,洪明.校本研究九大要点[M].福州:福建教育出版社,2007:10.

践,也不能是自己以往的实践,教师能够对自己当下的职业实践及时进行反思,在处理好自己当下实践的过程中获得专业发展,这是小学教师对自我反思对象的现实而具有可持续性的选择。

首先,小学教师自我反思的对象是自己的实践。自我反思是人的一种高级认识活动,属于人的思考活动。人的思考对象既可以是内在的自己,也可以是外在的他人或事物。小学教师通过思考他人的职业实践,能够从中获得经验和教训,获得对自己专业发展和教育教学的启示。然而,从语法学角度说,小学教师自我反思的对象不是外在的他人或事物,而是小学教师自己,是小学教师自己的职业实践。

其次,小学教师自我反思的对象是自己当下的实践。教师专业发展是一个漫长的过程,而思考自己以往的职业实践能够为小学教师专业发展提供重要基础。小学教师在成为教师之前的成长史也会对教师专业发展产生重要影响,对于自己成长史的思考也能够帮助教师更为深刻地理解自己当前教育行为的深层个人原因。然而,我们认为,小学教师自我反思的对象应该以自己当下的实践为主。

最后,小学教师自我反思的对象包括成功的实践和失败的实践。从日常用法角度说,人们常常把反思的对象限定为失败的事情,换言之,当人们说好好反思某件事时,这件事一般是指失败的事情或错误的事情。这种日常用法在对小学教师自我反思的理解中也存在。本书认为,小学教师自我反思的对象不仅包括失败的实践,而且包括成功的实践。从反思的本来用法来说,它是指对过去的事情进行思考,而没有特指对过去失败的事情进行思考。更为重要的是,对成功的实践进行思考具有更为积极的意义。失败是成功之母,而成功更能完善人生。教育学研究告诉我们,所有优秀教师都有很强的专业自信,都有很强的自我效能感。显然,小学教师的自我效能感主要来自对自己成功实践的反思,而不是其他。

三、小学教师自我反思的领域具有多方面性和多层次性

小学教师自我反思的领域具有多方面性。根据赫尔巴特对教育学体系的划分,小学教师自我反思的领域主要包括三个方面:一是对教学领域的反思,二是对德育领域的反思,三是对管理领域的反思。在教学领域,教师以传授知识为重点;在德育领域,教师以培养学生品德为重点;在管理领域,教师以构建良好的教学和德育环境为重点。这三个领域既相对独立,又相互交融。从教育实践的流程角度说,小学教师自我反思的领域主要包括教育目标反思、教育内容反思、教育方法反思、教育评价反思等方面。教育目标是教育实践的第一要素,如果目标错误,教师愈努力,学生的发展可能愈差。教育内容是教师设计和选择的直接影响学生发展的精神食粮,它是人类智慧的结晶。与教育方法相比,不少教育学家都认为,教育内容要比教育方法更重要。学生对教育内容感兴趣,学生认可教育内容,这更容易使学生获得真正的知识和智慧。这里的教育方法是广义的,既包括讲授法、问答法、实验法等狭义的教育方法,也包括教育工具、教育途径、教育组织形式等广义的教育方法。教育过程离不开评

价,小学教师对小学生的评价往往会对小学生的发展产生持久而深刻的影响。因此,小学教师需要对教育实践的各个流程进行反思。

小学教师自我反思领域的多方面性是从横向维度而言的,小学教师自我反思领域的多层次性则是从纵向维度而言的,这种多层次性是指小学教师自我反思的深度具有不同的层次。根据哈贝马斯的知识兴趣理论,小学教师自我反思可以分为以下三个层次。① 一是技术性反思。这是最低层次的反思。在该反思中,小学教师仅仅反思教学"手段",而不反思教学"目的"。在小学教师看来,教学目的是外在的,是权威的,是正确的,是毋庸置疑的。小学教师需要做的是,在教学"目的"划定的范围内,对教学"手段"进行有效的选择、组合、优化、创新。在该反思中,小学教师不是作为主体而存在,而是作为实现外在教学目的的工具而存在。二是理解性反思。在该层次反思中,小学教师既反思教学"目的",也反思教学"手段",努力把教学"目的"与教学"手段"相结合。小学教师既重视外在的教学"目的"对自己的意义和影响,也重视自己作为"手段"对外在教学目的的感知和理解。在该层次的反思中,小学教师与由社会所决定的外在课程标准具有相互适应关系。三是批判性反思。这是最高层次的反思。在该反思中,小学教师深入思考决定教学"目的"以及教学"手段"的外部社会是否公平。假如社会不公平,小学教师就需要改造教学"目的",进而对教学"手段"进行相应的改造,通过自己的教学努力,以促进社会的公平。在该层次的自我反思中,小学教师的主体性得到充分彰显。

四、小学教师自我反思的时间是教学后

从时间维度来说,不少研究者将教师自我反思分为教学前反思、教学中反思和教学后反思。对小学教师来说,教学前反思是指小学教师将计划进行的教学过程作为思考对象,预计教学中可能出现的问题,然后设计出相应的解决办法。教学中反思是指小学教师在教学过程中及时思考教学进展情况,发现教学现场出现的问题,并迅速寻找对策并加以实施,从而解决问题,使教学过程得以顺利进行。教学后反思是指小学教师在一个相对完整的教学过程结束之后,对教学过程的成败得失进行分析,总结经验教训,或者为后继的教学提供参考,或者为弥补刚刚结束的教学过程的不足提供依据。

本书认为,小学教师自我反思的时间不是在教学前,也不是在教学中,而是在教学后,小学教师的自我反思在本质上属于教学后反思。之所以做如此界定,主要基于以下两方面的理由。一方面,从"反思"一词的原本含义角度说,小学教师自我反思的时间是教学后。《现代汉语词典》对"反思"的解释是:"思考过去的事情,从中总结经

---

① 赵明仁.教学反思与教师专业发展[M].北京:北京师范大学出版社,2009:50.

验教训。"[1]以此来看,教学前反思,不是思考过去的事情,而是思考未来的事情;教学中反思也不是思考过去的事情,而是思考正在发生的事情。另一方面,从反思的主要目的角度说,小学教师自我反思的时间是教学后。小学教师自我反思的主要目的是促进小学教师专业发展。小学教师教学前反思在本质上属于小学教师的教学设计,而教学设计的主要目的不是为了促进小学教师专业发展,而是为了更好地开展教学实践。教学过程具有预设性,它内在地要求教师需要对复杂的教学过程进行充分的准备。小学教师教学中反思在本质上属于小学教师恰当运用教学机智,因而其主要目的也不是为了促进小学教师专业发展,而是为了保证教学过程顺利开展。教学过程具有生成性,内在地要求教师要运用教学机智,灵活处理意料之外发生的事情。

第二节 自我反思对于小学教师专业发展的意义

自我反思对小学教师专业发展具有多方面的促进作用。小学教师深刻理解这些作用,不仅能够提高积极进行自我反思的自觉性,而且能够把握科学进行自我反思的内在机制。概括来说,自我反思对小学教师专业发展的促进作用主要表现在以下三个方面。

一、完善实践知识

小学教师是履行教育教学职责的专业人员,而所有专业人员在实践过程中都需要运用专门的知识。根据教师知识的来源及其特征的不同,小学教师的知识大致分为理论知识和实践知识两类,而自我反思对小学教师专业发展的促进作用主要表现为完善自身的实践知识方面。

教师实践知识的研究是从加拿大教育学者艾尔贝兹开始的。1981年,她通过个案研究发现,教师拥有一种不清晰的、广泛的、能够引导其工作的知识,在面临工作任务时,教师会利用各种知识资源加以解决,这种知识既不是抽象的,也不是理论取向的,她将这种具有一定的模糊性的知识称为实践知识。[2] 我国学者林崇德等人从内容及其来源角度认为,教师实践知识是指教师在面临实现目的的行为中所具有的课堂情景知识以及与之相关的知识,更具体地说,这种知识是教师教学经验的积累。[3] 由于研究时间较短,目前学术界对实践知识的界定见仁见智,研究者往往从内

---

[1] 中国社会科学院语言研究所词典编辑室.现代汉语词典(2002年增补本)[Z].北京:商务印书馆,2002:349.
[2] 陈静静.教师实践性知识研究:中日比较研究[M].上海:华东师范大学出版社,2011:34.
[3] 林崇德,申继亮,辛涛.教师素质的构成及其培养途径[J].中国教育学刊,1996(4).

容、来源、作用、性质等不同角度来概括其内涵。

与教师所拥有的理论知识相比较,教师的实践知识具有以下特点：

（1）个人性。教师实践知识是教师以个人经验为基础而形成的对教育的个性化认识。在别人看来,一个教师的实践知识可能不正确,但是,对这个教师而言,他的实践知识是一种真理,教师深信不疑,并真正运用。而理论知识则具有科学性、公共性,力求得到同行的认可。

（2）综合性。教师实践知识是一种笼统的、尚未分化的知识,它往往不属于某一学科。而理论知识具有明显的学科性,如属于教育心理学、教育社会学、教育哲学、教育管理学、课程论、教学论、德育论等学科。

（3）情境性。实践知识与实践情境相联系,具有时空限制性,它是以特定教师、特定教室、特定教材、特定学生为对象而形成的知识,是作为案例知识而积累、传承的,它讲究具体实践问题的解决,它可以为其他类似的教育情境提供一个案例或可供选择的方案借鉴。而教育理论知识具有抽象性,它省略了大量的具体细节。

（4）多具有默会性。教师往往不能清楚地意识到自己的实践知识是什么,即使意识到,教师也往往难用语言清晰、准确地将其表达出来。因此,实践知识往往又被称为缄默知识、默会知识。而理论知识则是一种显性化的具有鲜明逻辑性的知识。

与教师所拥有的理论知识相比较,教师的实践知识对于其专业实践具有更为重要的意义。对教师实践知识进行开创性研究的艾尔贝兹认为,直接指导和支配教师实践活动的不是教师所拥有的理论知识,而是其所拥有的实践知识。在这之后,美国哲学家、教育家舍恩则从更宽阔的视野论证了实践知识对于专业实践的重要性。他在考察了建筑师、心理治疗者、工程师、规划者和管理者等专业工作者的实践后认为,专业工作者在实践过程中不是按照理论及技术按部就班地进行操作,而是运用实践知识,边行动边思考,灵活地处理实践情境,创造性地界定和解决问题。舍恩指出理论和专业实践具有不同的特征,二者之间存在着不匹配现象。理论具有专精化、界限明确、科学化与标准化等特征,而专业实践具有复杂性、不确定性、不稳定性、独特性和价值冲突性等特征,因此,专业工作者在实践中不能依靠理论,而只能依靠实践知识,以应对充满变数的实践情境。① 由于实践知识对于专业实践具有如此重要的意义,"对于专业人员来说,最难的问题不是应用新的理论知识,而是从经验中学习。学术知识对于专业工作是必需的,但又是远远不够的。因此,专业人员必须培养从经验中学习和对自己的实践加以思考的能力"②。教师是专业人员,教育实践是专业实践,鉴于实践知识对于专业实践具有如此重要的意义,教师要有效实现专业发展,就必须自觉完善实践知识。

---

① ［美］唐纳德·舍恩.反映的实践者：专业工作者如何在行动中思考［M］.夏林清,译.北京：教育科学出版社,2007：21-33.

② ［美］李·舒尔曼.理论、实践与教育的专业化［J］.王幼真,刘捷,编译.比较教育研究,1999(3).

虽然实践知识是教师专业发展的知识基础，然而，这并不意味着教师只要拥有实践知识就是专业人员，其实践就是专业实践。所有教师都有实践知识，甚至作为非专业教育工作者的家长也有教育孩子的实践知识，然而，"并不是所有的教师实践知识都是有教育意义的、有益的或对社会有价值的"，实践知识是否有益于师生发展，取决于"它是在何种背景下获得的，其目的是什么，以及教师对其进行考察、更新和反省的程度"①。教师只有借助自我反思，才能够更好地完善实践知识。一方面，教师的实践知识往往具有默会性，教师往往用而不知，因此，只有通过自我反思，教师才能使自己的实践知识显性化，即教师才能意识到自己教学行为的依据是什么，而这一依据就是自己的实践知识。另一方面，只有通过自我反思，教师才能知道自己的教学结果是成功还是失败，才能知道导致自己教学结果成败的行为是什么，才能判断出教学行为所依据的实践知识是否正确，以及自己的实践知识是需要继承，还是需要改造。

二、提升职业道德

从业者具有高尚的职业道德是所有专业的根本特征之一。舒尔曼指出："一个专业首要的社会目的就是服务。专业工作者应是那些接受了教育并且利用其知识和技能为不具备这些知识和技能的大众服务的人。他们内心要有为大众提供服务的倾向，有义务以道德理解为起点来运用复杂的知识与技能。"②前文已经说到，作为一门专业，其核心的特征是从业者掌握和运用高深的专门知识和技能，而这些专门知识和技能是外行人所不知道的或难以掌握的。然而，正是由于这一点，专业人员才有必要具有高尚的职业道德，否则，专业人员非常容易利用专门知识和技能来欺骗缺乏专门知识和技能的服务对象，以谋取个人私利。

作为专业化水平最高的医生职业，早在2400多年前就形成了本职业的道德规范，该规范由古希腊医生希波克拉底提出，又被称为希波克拉底誓言。

希波克拉底誓言

医神阿波罗、埃斯克雷彼斯及天地诸神作证，我——希波克拉底发誓：

我愿以自身判断力所及，遵守这一誓约。凡教给我医术的人，我应像尊敬自己的父母一样尊敬他。作为终身尊重的对象及朋友，授给我医术的恩师一旦发生危急情况，我一定接济他。把恩师的儿女当成我希波克拉底的兄弟姐妹；如果恩师的儿女愿意从医，我一定无条件地传授，更不收取任何费用。对于我所拥有的医术，无论是能以口头表达的还是可书写的，都要传授给我的儿女，传授给恩师的儿女和发誓遵守本誓言的学生；除此三种情况

---

① [英]艾弗·F.古德森.教学中的职业精神：恪守原则的职业教师[J].教育展望（中文版），2001(2).
② [美]李·舒尔曼.理论、实践与教育的专业化[J].王幼真，刘捷，编译.比较教育研究，1999(3).

外,不再传给别人。

我愿在我的判断力所及的范围内,尽我的能力,遵守为病人谋利益的道德原则,并杜绝一切堕落及害人的行为。我不得将有害的药品给予他人,也不指导他人服用有害药品,更不答应他人使用有害药物的请求。尤其不施行给妇女堕胎的手术。我志愿以纯洁与神圣的精神终身行医。因我没有治疗结石病的专长,不宜承担此项手术,有需要治疗的,我就将他介绍给治疗结石的专家。

无论到了什么地方,也无论需诊治的病人是男是女、是自由民是奴婢,对他们我一视同仁,为他们谋幸福是我唯一的目的。我要检点自己的行为举止,不做各种害人的劣行,尤其不做诱奸女病人或病人眷属的缺德事。在治病过程中,凡我所见所闻,不论与行医业务是否有直接关系,凡我认为要保密的事项坚决不予泄漏。

我遵守以上誓言,目的在于让医神阿波罗、埃斯克雷彼斯及天地诸神赐给我生命与医术上的无上光荣;一旦我违背了自己的誓言,请求天地诸神给我最严厉的惩罚!①

鉴于医生、律师等成熟专业都建立了明确的职业道德规范,为了推进教师专业化,许多国家都通过政府、专业组织等不同机构建立了教师职业道德规范。

2008年,中华人民共和国教育部、中国教科文卫体工会全国委员会颁布了修订后的《中小学教师职业道德规范》,其具体内容如下:

中小学教师职业道德规范
(2008年修订)

一、爱国守法。热爱祖国,热爱人民,拥护中国共产党领导,拥护社会主义。全面贯彻国家教育方针,自觉遵守教育法律法规,依法履行教师职责权利。

二、爱岗敬业。忠诚于人民教育事业,志存高远,勤恳敬业,甘为人梯,乐于奉献。对工作高度负责,认真备课上课,认真批改作业,认真辅导学生。

三、关爱学生。关心爱护全体学生,尊重学生人格,平等公正对待学生。对学生严慈相济,做学生良师益友。保护学生安全,关心学生健康,维护学生权益。不讽刺、挖苦、歧视学生,不体罚或变相体罚学生。

四、教书育人。遵循教育规律,实施素质教育。循循善诱,诲人不倦,因材施教。培养学生良好品行,激发学生创新精神,促进学生全面发展。不以

---

① 佚名.希波克拉底誓言[EB/OL]. http://blog.sina.com.cn/s/blog_6455b37501016dgl.html.

分数作为评价学生的唯一标准。

五、为人师表。坚守高尚情操,知荣明耻,严于律己,以身作则。衣着得体,语言规范,举止文明。关心集体,团结协作,尊重同事,尊重家长。作风正派,廉洁奉公。自觉抵制有偿家教,不利用职务之便谋取私利。

六、终身学习。崇尚科学精神,树立终身学习理念,拓宽知识视野,更新知识结构。潜心钻研业务,勇于探索创新,不断提高专业素养和教育教学水平。

教师提高职业道德的途径有许多,其中,自我反思是一种非常重要的途径。在杜威看来,教师自我反思并不仅仅是一种思维过程,其中包含着三种态度——虚心、责任感和全心全意。

(1)虚心。虚心是积极倾听更多人的意见、十分注意各种可能性、认识那些内在信念错误的可能性的一种积极愿望和动机。那些虚心的教师经常反问自己为什么要做正在做的事,不断地对那些被认为是自然和正确的理论基础进行检查,并耐心寻找那些冲突的证据;他们虚心接受各种不同观点,而不会局限于某种观点或某个方面。

(2)责任感。有责任感的教师会反问他们自己为什么要以超越目前实用的方式考虑现在所做的事情,考虑工作的方式、原因及工作的对象。他们至少要考虑三种教学结果,即教学对学生自我概念形成的影响;教学对学生智力发展的影响;教学对不同学生生活机会的预期影响。反思的负责任态度包括对这些问题和其他更多问题的检验,包括对教学的预期结果和非预期结果的反思。

(3)全心全意。全心全意的教师经常对自己的假设、信念及其行动的结果进行检查,并以一种学习新知的态度走进各种情境,他们不断地努力理解他们的教学,理解影响学生的方法,并且努力从各种角度去看待各种情境。[1]

教师在自我反思中所蕴含的虚心、责任感和全心全意这三种品质显然是教师职业道德的重要内涵。其中,虚心品质代表着教师与同事团结合作的职业道德品质,责任感代表着教师关爱学生的职业道德品质,全心全意则代表着教师爱岗敬业的职业道德品质。因此,教师经常进行自我反思,能够有效促进自身职业道德水平的提升。

三、增强专业自主

自主,又可称为自由、解放,它是指人不受压制和束缚,在对他人和社会担当责任的前提下进行自我抉择的状态,它是人类社会较难完全实现的美好理想。人类社会发展至今,仍然有许多人处于种种不自由状态之中。导致人类不自由的因素包括内部因素和外部因素两类。内部因素主要是指个人的情绪和习惯。在情绪状态下,一个人感情用事,难以有效控制自己的行为,因而处于不自由状态。习惯具有巨大的力

---

[1] 卢真金. 反思性教学及其历史发展[J]. 全球教育展望,2001(2).

量,它会使人不加思考地、自发地去做某事,人成为习惯的支配对象。外部因素主要包括外部的风俗传统、规章制度和他人权威。这三种因素都可能会使人丧失主体性,盲目服从,成为被驱使的对象。

自主是人的本质属性。卢梭指出:"放弃自己的自由,就是放弃自己作为人的资格,就是放弃人类的权利,甚至放弃自己的义务。"① 自主是人类社会永恒的高级追求。马克思认为,一部人类社会的历史就是一部人类不断由"人的依赖"阶段走向"物的依赖"阶段,并最终达到"自由个性"阶段的历史。教师作为人,需要追求自主的本质;教师作为专业人员,更应该追求专业自主。前文已经指出,专业的一个非常重要的特征就是从业者具有专业自主,能够在专业实践过程中自主地进行行为选择。教师的专业自主是与教师作为专业人员具有专门知识和专门技能紧密联系在一起的。正是由于这一点,外行人才应该尊重教师的专业选择,尊重教师的专业判断。在教师教育领域,有研究者甚至把"专业自主"作为教师专业化的同义词。"教师成为研究者"理念的创始人斯滕豪斯认为,教师解放的本质即专业自主,它可以使教师回避一言堂式的家长制作风和权威论,转向依靠自己思考和判断。② 当然,斯滕豪斯仅仅强调了外部因素对教师专业自主的制约,而忽视了教师内在的情绪和习惯对自己行为的盲目驱使。

自我反思对于增强教师专业自主具有重要意义。杜威把人的行为分为常规行为和反思性行为,而反思性行为即人在反思基础上而进行的行为。在杜威看来,常规行为就是那些由传统、权威和冲动所决定的行为,所有这些行为都不是人自主支配的行为。而反思性行为则能鲜明地体现人的自主性。杜威把"反思"界定为一种根据支持的理由及其所导致的结果,对任何信念和实践进行积极的、持续的和仔细的考虑行为,他认为反思不是一种能够被简单地包扎起来供教师运用的一套技术,而是一种面对问题和反映问题的一种主人翁方式。反思"使我们从单纯的冲动和常规行动中解放出来,……使我们能以远见指导我们的行动,以我们所能意识到的目的来安排我们的计划,它能使我们在行动时知道我们想要什么"③。在自我反思过程中,教师会使自己的行为变得更理智,而不受情绪左右;会使自己的行为变得更自觉,而不受习惯支配。这样,教师就能够通过成为自己的主人而获得专业自主。通过自我反思,教师能够对自己的行为及其结果进行准确判断,能够为自己的行为寻找理论依据,这样,教师就能够使自己免遭传统的局限、制度的桎梏和他人的役使,从而使自己获得针对外部的专业自主。

---

① [法]卢梭.社会契约论[M].方华文,译.西安:陕西人民出版社,2004:7.
② 高慎英.教师成为研究者:"教师专业化"问题探讨[J].教育理论与实践,1998(3).
③ 卢真金.反思性教学及其历史发展[J].全球教育展望,2001(2).

第三节 小学教师自我反思的主要途径

小学教师的主要工作是教学,小学教师主要通过教学工作对学生进行全面发展教育,促进学生德智体美全面发展,因此,本书在此从教学层面来探讨小学教师进行自我反思的主要途径。概括来说,小学教师自我反思的主要途径包括撰写教学日志、观看教学录像和调查学生等方面。

一、撰写教学日志

教学日志、教学日记、教后记是当前描述教师自我反思时常用到的概念,其共同之处主要表现为它们都是小学教师对教学进行自我反思之后所进行的记录。教学日志是教学日记的一种,二者的主要不同在于,教学日记含有更多的私密性内容,而教学日志具有更强的公开性。教学日志与教后记的不同之处主要表现为小学教师进行自我反思以及记录的频度存在差别。一般来说,教后记意味着小学教师在每一次教学之后都要进行自我反思,都要撰写反思记录。因此,教后记在现在甚至已经成为教案的一部分。而教学日志往往是指小学教师在一天乃至多天的教学工作结束之后所撰写的自我反思记录。由于小学教师每天的课时数大约为3至4节,因此,教学日志的数量明显少于教后记。

小学教师通过撰写教学日志,记录自己教学中的成败之处、教学机智、学生的问题、学生的见解、自己的感悟等等,从中发现自己教学中的优点和不足,对优点及时总结概括,并在后来的教学实践中发扬光大;对不足则分析原因,寻找对策,力求在后来的教学实践中加以弥补。小学教师通过撰写教学日志,使自己的教学经验得到审视,将其优点和不足显性化并认真积累。在这一过程中,小学教师的教学经验就能够为其专业发展提供宝贵的素材。

当前,小学教师在撰写教学日志过程中出现的一个亟须解决的问题是频度过大。一些学校要求教师人人进行课后反思,在每节课后都撰写教后记,并制定检查评比制度,将检查结果作为教师业务考核的重要内容。自我反思的意义毋庸置疑,但不能因此就把它推向极端,过犹不及。

从教师专业发展阶段来说,教师自我反思并不总是必需的。美国学者伯利纳通过实证研究,将教师专业发展划分为新手教师、熟练新手教师、胜任型教师、业务精干型教师和专家型教师五个阶段。他指出,专家型教师的重要特征是很少出现反省思维,只有在事情的结果与预期不一致时,他们才进行反思和分析。①专家型教师是教师专业发展的最高目标,客观地说,他们是较少出现问题的。即使是业务精干型教师乃至胜任型教师,也不是每节课都出现问题。在此情况下,要求甚至借助制度力量"迫使"教师每节课都进行自我反思并撰写教后记,会销蚀教师的专业精神,导致其"无病呻吟",被动应付。

从所需时间来说,小学教师自我反思不可能总是必需的。小学教师的日常工作比较繁重,除备课、上课、布置与批改作业、课外辅导之外,还要时常组织学生开展活动、联系家长,许多教师还兼任班级管理工作,等等。所有这些工作都需要小学教师身体力行地付出"做"的功夫。而自我反思并撰写反思记录的过程,必然需要教师付出"思"的功夫。从这个角度说,"哪里有反思,哪里就有中止"。实事求是地说,小学教师不可能拥有对每节课、每次活动都进行反思并撰写反思记录的时间,而在没有时间保证的情况下,小学教师自我反思的重点难以突出,深度难以保证,被动应付问题就容易产生。

曾三次获得世界成人教育文献奖的美国成人教育专家布鲁克菲尔德非常重视教师自我反思,关于自我反思的频度,他认为教师每周写一次教学日志,每次大约花15至20分钟的时间。其内容主要包括:① 在这周里,我感到与学生联系最密切、最投入或最能确证自己的时刻是什么?② 在这周里,最让我感到和学生失去联系、最不投入或最令人厌烦的时刻是什么?③ 在这周里,让我最感到焦虑或沮丧的情形是什么?④ 在这周里,最让我惊奇的事情是什么?⑤ 在这周里,我在教学中做的所有事情中,如果给我重试的机会,哪些我将会做得更好?⑥ 在这周里,我感到最自豪的教学活动是什么?为什么?②

布鲁克菲尔德提出的上述建议具有重要借鉴价值。首先,该建议具有很强的可行性。小学教师工作繁忙,从时间角度说,让他们在每节课后都撰写教学日志是不现实的。然而,让小学教师每周花一二十分钟的时间撰写一次教学日志则是完全能够做到的事情。其次,该建议具有很强的可操作性。布鲁克菲尔德不仅提出教师撰写教学日志的具体内容,而且他还建议用问题形式来对教学日志内容进行组织。第三,该建议具有很强的全面性。以上六个问题所涉及的内容大致分为三个方面,其中,第一个和第六个问题是成功的教学方面;第二个、第三个和第五个是失败的教学方面;第四个是难以理解的教学方面。对成功的教学方面的反思和记录可以使教师积累经验,对失败的教学方面的反思和记录可以使教师汲取教训,而对难以理解的教学方面的反思和记录可以使教师知道自己的盲点是什么,知道自己需要在哪些方面加强学习。

---

① 张学民,申继亮.国外教师教学专长及发展理论述评[J].比较教育研究,2001(3).
② [美]斯蒂芬·D.布鲁克菲尔德.批判反思型教师ABC[M].张伟,译.北京:中国轻工业出版社,2002:92-93.

案例：

小学语文教学日志

作为一名教师，我常常这样想：我们的教育到底要培养什么样的学生呢？拿破仑说过：不想当将军的士兵不是真正的士兵，他的军队能勇往直前，征服欧亚大陆，靠的就是士兵相信自己是当将军的料的这个自信心。可以说，一件事情能不能取得成功跟一个人的自信心有着很大的关系。因此，我们教育的一个重要的目的就是要培养孩子们从小树立起对自己的信心。如何让孩子们培养自信心呢？我认为，赏识教育是一种极其有效的办法。孩子们最渴望得到大人们的赞扬和认可，有了赞扬和认可才能让他们树立起对自己的信心。

赏识教育从某种角度来说就是一种"找感觉，尝甜头"的教育。感觉是个很重要的心理体验，是对自己的一种实质的感觉。一个人，没了感觉，也意味着没了自信，没了追求，没了希望，没了活力。每个人一出生便生活在一个巨人的世界里，那种生理上的弱小在心理上埋下与生俱来的自卑感与不安全感，对这个世界有着一种深深的恐惧。在成长的过程中，便需要别人的肯定与赏识，来战胜自己的那种恐惧与自卑，让心灵有一种安全的感觉。这种让心灵有安全感的过程，也便是一个找到"我能行"的感觉的过程。但是，毋庸讳言，长期的应试教育已经在不经意间磨灭了大多数学生的那份应有的自信与活力。如我班曾有过这样一个女孩子，她在班里成绩经常名列前茅，是许多学生羡慕的对象，而她的内心却时常充满了恐惧和不安，时常说的一句口头禅就是"我不行"。为什么会这样呢？是班里近乎残酷的分数竞争让她背上了沉重的心理负担，她老是担心有一天如果考得比别的同学落后了，会让人耻笑。在大力提倡素质教育的今天，如何在教学的过程中，探索出一种方法，让学生找到自信与活力、体验到"我能行"的感觉，则是摆在我们教师面前亟待解决的难题。

一、赏识——开启学生的心扉

罗丹曾经说过：生活中不是缺少美，而是缺少发现美的眼睛。教学中也不是缺少好信息，而是缺少发现好信息的心灵。有个心理学家讲述了他童年的故事：上小学时，他非常顽皮，课堂上总是不大安分，不时在老师讲课时插上几句，喜欢提一些稀奇古怪的问题，并经常在老师提问题时抢先答题。因此没少遭一些老师们的白眼，如数学老师就总是看他不顺眼，对他在课堂上的表现不是大声呵责就是冷嘲热讽，表现出极大的不耐烦，对他学习上的失误也极力挖苦。而语文老师却对他非常赏识，有机会就让他回答问题，并不时夸他脑子灵活，总是有出乎意料的答案，当然，他对这个顽皮学生的缺点也不是一味地放纵，而是做了适当的引导。两位老师的不同态度,令学生的自信心每天沉浮不定。赏识给了他信心和动力,使他的语文学习进入了良性循环,因此成绩名列前茅;而偏见给了他内心的打击和恐惧,使他的数学学习进入恶性循环,使他对数学的兴趣锐减。我曾在班里做过学生最爱上什么课的调查。许多学生,尤其是后进生的回答是"最爱上语文课!"什么原因呢?学生说,语文老师从来不歧视我们,他认为我们都能行!因为我曾这样对他们说:"在老师的眼里,你们没有聪明与蠢笨之分,只有自信与不自信之分。那么,从现在开始,找回你的自信,老师相信你们都是最棒的!"短短的几句话,开启了学生封闭的心扉,使学生由于老师的赏识而增添了学习的欲望与兴趣。有个叫翁健培的学生,上其他学科的课都无精打采,唯独上语文课信心百倍,他说:"语文课能让我找回我自己。"在一次升学的模拟考中,他居然语文成绩名列班级第一。赏识学生的行为结果强化了学生的学习行为。

二、赏识——震动学生的心灵

古人云:书山有路勤为径,学海无涯苦作舟。这句话强调了学习的痛苦,而忽略了学习的快乐。其意在劝导学生勤奋刻苦地学习,但也容易使学生的情感闸门关闭,让学生找不到学习轻松有趣的感觉。有这样一种情况,当喜欢哪一位老师时,那老师所教的课就学得好,不喜欢哪一位老师时,那一位老师所教的课就学得不好。这实际上是情感在起作用,如果学习时调动了大脑的兴奋神经,大脑就会产生一种愉悦的情绪,就不会觉得学习是一件痛苦的事情了。由于老师的赏识,师生之间仿佛架起了一座沟通之桥,把师生的情感联结在一起。老师不是在传授知识,而是把知识轻松地"流动"给学生;学生不是在被动地接受,而是主动地吸收。由此可见,赏识学生的行为过程激发了学生的学习兴趣和学习动机。

三、赏识——走进学生的心田

赏识教育的灵魂就是沟通。适当地转换老师和学生的角色,让老师成为学生,学生成为老师,这样做是建立在师生感情深厚的前提下。我班有个叫刘东义的学生,其他学科成绩都非常优秀,唯有语文成绩落后。通过交谈,该学生在以往的学习中,由于种种原因,对语文课失去兴趣。针对这种情况,我没有急于给他讲大道理,而是通过周记的形式与他交谈,不但通过讲一些名人的童年故事启迪他,让他在学习中找到自信,而且时常鼓励他:"你是老师心目中的好学生,如果你能改变一下学习方法,多接触语文知识,你会对语文越来越感兴趣,加油!老师相信成功离你不远!"通过这些交流,使他逐渐在学习中找到乐趣,我还利用课前课后的时间找一些语文兴趣题给他做,使他有一种成就感。俗话说:一分耕耘,一分收获。他的成绩提高很快,在最近一次的语文考试中考了70分。因此,赏识教育也要创设环境,以指明学生的发展方向。

四、赏识——敲开学生的心梦

学生都有好活动的天性,但在教学情景中的学生活动应是一种有组织、有目的的行动,没有教师的精心设计和引导的活动,学生就处于放任自流的状态,或导致老师的"博学"压抑学生天性的发挥。因此,在课堂教学中非常有必要引入良性的竞争意识。在教学中,以小组为单位,看哪个小组的同学发言踊跃,发言积极性高。然后评出日冠军、周冠军、月冠军、学期冠军。

在舒展每个人天性的同时,又培养团体精神。对于缺乏竞争心理的学生,实行轮换"助教"制。让大家有比较,有竞争。激发学生的潜力,提升学生的抱负,打破自身的局限性。课堂,最好的"老师"就是学生本身,因此,课堂上老师有时故意向学生"请教",以调动学生的积极性,迅速把学生的思维调动到最活跃的状态,激活学生的主体意识。让学生在"教"了老师之后有了成功的愉悦。对整节课的把握,老师就是不断地设问,通过问题来让学生开动脑筋,并跟上老师的思维,老师的作用是控制课堂的气氛,把握问题的方向,具体的问题让学生来解决。提倡学生采取科学的态度进行争论,对每个学生的发言,都给予正面的鼓励。即使是错误的答案,也不能采取全盘否定的办法,尽量找出其闪光点。

在大力推广素质教育的今天,发展学生的个性特长,增强学生的自信,已是必不可少。教师苦教,学生死学的时代已一去不复返了,赏识教育是教育过程中不可缺少的一副"良药"。[1]

二、观看教学录像

观看教学录像是指小学教师对自己的课堂教学进行录像,然后通过回放录像对自己的课堂教学进行反思。在一定程度上说,教学过程是教师与学生的交谈过程。英国"肢体语言"专家朱迪·詹姆斯认为,人类在交谈时表现出的肢体语言有很大的影响力,其内涵非常丰富。肢体语言影响力占55%,语气语调占28%,而文字内容部分只占17%。[2] 因为肢体语言在师生交谈中占有重要地位,所以小学教师在自我反思时就非常需要对其进行反思。然而,"纯粹从自己眼中之我的角度出发,是不能观照并理解自我的外表的。"[3]借助录像则能够轻易地做到这一点。与通过回忆撰写教学日志进行自我反思相比较,通过观看教学录像进行自我反思的优势主要表现在以下两个方面:

一方面,通过观看教学录像能够使小学教师的自我反思更具有准确性。撰写教学日志以小学教师对自己课堂教学的记忆为基础。传播学认为,受众记忆的结果常常是只记忆那些有意义的、符合需要的、对己有利的和自己愿意记住的信息,同时忽

---

[1] 佚名.小学语文教学日志[EB/OL]. http://www.92to.com/xuexi/2016/06-23/5865194.html.
[2] 杨朔."肢体语言"专家另类解读:卡扎菲没把布莱尔放眼里[EB/OL]. http://news.sina.cn/w/2004-03-28/14142161431s.shtml.
[3] [苏]巴赫金.文本·对话与人文[M].白春仁,晓河,译.石家庄:河北教育出版社,1998:3.

略或抑制那些无意义的、附加的、不利的和不愿意记住的信息。这种记忆上的主动筛选、取舍,就是信息接收内在机制中的所谓选择性记忆。① 选择性记忆的过程包括信息的输入、信息的存储和信息的输出三个阶段,在每个阶段,小学教师都会遗忘许多信息。选择性记忆的第一个阶段是信息的输入阶段。一般来说,受众对接收到的语言和文字信息,很少能记住原来的具体词句,而是概略性地记住其大体意思,只有经过反复背诵才可能记住原有词句。对图像信息的记忆也基本相同,人们只能记得其中最精彩的、自己印象最深的一些画面。更为重要的是,在课堂教学过程中,小学教师不仅是自己课堂教学信息的输入者,而且是自己课堂教学信息的输出者,小学教师承担的主要角色是后者,这就会使其对自己课堂教学信息的输入更具有潜在性、附带性,因而会进一步影响对自己课堂教学信息的输入效果。选择性记忆的第二个阶段是信息的存储阶段。记忆包括短期记忆和长期记忆。其中,人的短期记忆能力非常有限。通常情况下,人们对于彼此间互不相关的数字的记忆量一次仅有8个,对于不相关字母的记忆量仅有7个,对于不相关的单词的记忆量仅有6个。在长期记忆中,人们一般都是把信息的内在意义抽象出来加以记忆,虽然信息的内在意义有时会伴有视觉、听觉或其他的形象在人脑中以命题的形式组成网络而被记忆下来,但是,在该阶段,仍然会有大量信息由于抽象过程而被过滤掉。因此,小学教师在对自己课堂教学信息的存储过程中会遗忘很多内容。选择性记忆的第三个阶段是信息的输出阶段。该阶段有两种输出方式,即辨认和回想。前者是指人在接收到某一信息后,能够辨别出自己是否曾经接触过这种信息。而后者则是指人能够以不同符号如语言文字或图像把接触过的信息复述出来。显然,辨认比回想要更容易。小学教师通过撰写教学日志是回想,其难度要比观看教学录像大得多。观看教学录像所进行的输出依靠的是现代化的信息技术手段,它会使小学教师的课堂教学信息轻易地呈现出来。

另一方面,通过观看教学录像能够使小学教师的自我反思更具有全面性。布鲁克菲尔德认为,教学录像可以帮助教师找出大量的体态和言语行为上的不协调。教师可能发现自己眼睛望着地板,身体部位不协调地乱动,眼睛偶尔注视学生或一直注视着特定的一些人,说出一句不完整的话,说要讲六个主题但是只讲了五个,说话间常伴有犹豫、停顿和错误等。录像则可以帮助教师做出准确判断。譬如,在课堂上,有多少时间用于教师讲话,有多少时间用于学生发言,有多少时间用来给学生信息和引导,有多少时间让学生自己去分析、反思和实践。录像能够帮助教师理解自己教学的音调质量,譬如,可以帮助教师看到是否常带微笑,是否看起来毫无表情或者愁眉不展。录像可以帮助教师判定自己是否经常对学生做出认可的反应,它可以帮助教师更清楚地了解到也许不经意地从语言中表露出来的对学生的傲视、贬视或屈尊俯

---

① 佚名.选择性记忆[EB/OL]. http://wiki.mbalib.com/wiki/%E9%80%89%E6%8B%A9%E6%80%A7%E8%AE%B0%E5%BF%86.

就。通过录像，教师还能够看到自己对学生的批评、厌学或其他疏忽是如何做出反应的。① 总之，录像能够使教师像观察他人那样观察自己，不仅能够帮助教师观察自己的语言形式，而且能够帮助教师观察自己的语言内容；不仅能够帮助教师观察自己的口头语言，而且能够帮助教师观察自己的肢体语言；不仅能够帮助教师观察自己，而且能够帮助教师观察学生；不仅能够帮助观察教学方法的使用，而且能够帮助教师观察教学进程的组织；等等。

在当前信息社会，录像设备逐渐走进平常家庭，录像技术越来越容易掌握和使用。学校更有条件配备录像设备。因此，只要愿意通过观看教学录像进行自我反思，教师可以比较方便地对自己的课堂教学进行录像，然后将录好的视频通过电脑进行回放。另外，现在一些学校的教室中还安装了视频监控系统，对该系统进行适当改造，也可以为教师提供自己的教学录像。教师在为自己的课堂教学进行录像时可能会出现一些不能录到的内容，但是，它总比依靠回忆能够提供更多、更准确的反馈信息。有些学校让专业人员定期为教师的课堂教学进行录像，然后将录像视频发给教师个人进行自我反思，这会对教师自我反思起到重要推进作用。不过，专业技术人员的介入有可能会影响到课堂教学的正常进行，且难以普及化。因此，根据需要学校应该重视提供小巧实用的录像器材，让教师定期为自己的课堂教学进行录像，然后通过观看录像进行自我反思。

案例：

反观录像反思自我促进教师专业成长

教育部颁发的《语文课程标准》以全新的教育理念对语文课程与教学内容都进行了重大改革和调整，对中学语文教师的教学素质提出了更高的要求。有关专家提出，增强中小学教师的反思意识和反思能力是有效提升教师专业化水平，全面落实新课程理念的重要保障。

教学反思，是指教师对教育教学实践的再认识、再思考，并以此来总结经验教训，进一步提高教育教学水平。教学反思一直以来是教师提高个人业务水平的一种有效手段，因为反思是教师专业化发展的内在驱动力，是将学会教学与学会学习统一起来的有效途径。教学反思的方法和方式多种多样，如：通过写教学日记，回忆与反思自己组织的教学活动的得与失；通过观摩优秀教师的课堂教学，比较与反思自己教学设计的优势与劣势；通过征求同事及学生的意见和建议，反思自

---

① ［美］斯蒂芬·D.布鲁克菲尔德.批判反思型教师ABC［M］.张伟，译.北京：中国轻工业出版社，2002：100.

己教学方式方法的可改进之处;通过阅读教育理论书籍,反思自己在教育理念上的欠缺与空白;通过将自己的教学过程用摄像机录制下来,反复研究自己在课堂教学中的表现等。

由于课堂教学录像有着其他媒介不能比拟的直观性与真实性,多年来我一直坚持用录像资料进行教学反思,受益匪浅。现将用录像资料进行教学反思的所做所感介绍如下,与同仁们共同探讨。

1. 录像课完整性强,有利于对课堂教学进行系统分析

教师在进行课堂教学时,在课堂上无暇反思自己的教学行为,即使是课后回忆,也很难将完整的教学过程重复,因为有些细节完全是无意识的,自己根本觉察不到。如果我们用摄像机将一节课完整录下来,借助录像对教学过程进行反思,就可以克服上述弊端。反观时对照课前教学设计,重现课堂教学过程,以旁观者的身份审视它,可清晰地分析在课堂教学过程中存在的优点与不足。

笔者第一次观看自己的课堂教学录像是在2005年,课文是《念奴娇·赤壁怀古》,没看录像前总认为自己的课堂教学还是比较完美的,看完之后的感觉是"惨不忍睹"。将该节课的录像反复地看了几遍后,总结了必须改进的几处:一是教学用语的语音语调太单一,缺乏激情与活力;二是问题设置没有精心准备,课堂教学中提出的问题多又太简单,不能激发学生的探究意识与学习热情;三是肢体语言运用太频繁,在讲台上走动太多,容易分散学生注意力;四是自己讲的内容太多,给学生自主思考的时间太少,没有充分调动学生的主动性,未体现以学生为主体的教学理念。

从那时开始,笔者就经常用摄像机录制课堂教学资料,课后观看这些录像资料,找出自己在教学中的不足并设法克服它。这样的教学越来越受学生的欢迎,课堂教学效果越来越好。

2. 录像课再现性强,有利于针对课堂教学中某一环节的研究与探索

教师在每一节课的教学过程中,有觉得特别满意的教学亮点,也有感到很不满意的败笔之处,这都是我们特别需要反思的地方。

通过观看录像片段,感觉特别满意的教学亮点,说明教学方法应用合理,我们可悟出其中的教育原理和总结其教学经验,以便在今后的课堂教学中运用。感到不满意的败笔之处,肯定是准备不充分或教学方法运用不当;找到造成败笔的原因,就利于找出改进教学的办法。

2007年10月的一天,在反观自己的"对联知识及应用"复习课的教学录像时,一段学生们热烈鼓掌的视频引起了笔者的注意。原来是两个学生在仿写对联下联时,学生拟写的完全符合对联的格调要求,且用词精练、生动,赢得了全班学生的掌声。其实当时只是想让这两位学生展现一下自己的答案,毕竟他们的成绩很一般。然而,面对教学录像细细琢磨、品味当时的教学情景时却感受颇丰:一是学

生们渴望在课堂上有自己展示的机会,而笔者平常却没有理解学生的这种渴望;二是要相信学生,不管是成绩好一点的还是成绩差一点的,学生们的思维能力与组织答案要点的能力都不容教师忽视。

当然,我们还可以利用教学录像课进行专项分析,如教学风格、语言表述、多媒体使用、板书、例题评析、学生活动等。如果反思得当,科学的教育理念就会逐步形成与完善,教学水平就会迅速提升。

3. 借助录像课,有利于进行纵向反思和横向反思

所谓纵向反思,指的是将自己不同时期的录像(最好是课堂教学内容相同)在一起播放,进行研究与反思。其目的是原来发现的问题,现在是不是得到了解决,看自己的教学水平是否提高了。经常进行纵向反思,还能发现自己的进步历程。

所谓横向反思,指的是将自己的录像资料与其他优秀教师的录像资料一同播放,通过比较进行反思,也可以观看一些优秀的教学光盘资料,学习先进的教育教学理念。

笔者经常进行的是"同课异构"式反思,针对外地优秀教师的课堂教学录像的教学内容,用自己固有的教学风格去上同样内容的一节课并录像,然后一同播放进行比较反思,这就是"同课异构"式反思。在播放中要有针对性地进行反思。如,比较分析两者在教学设计、教学方法、对知识重点与难点的处理、对教学环节的过渡与衔接、对问题的设置等有何不同,借鉴他人的长处,弥补自己的不足。

2010年4月,笔者观看了北京大学附属中学语文特级教师程翔老师的一节教学录像,程老师讲的是《将进酒》。录像中程老师亲和的教学态度、激励式的点评方式,学生圈点勾画的学习方式,学生分组讨论时的认真氛围,学生自我展示时的自信,都让笔者有一种无形的压力,感觉到自己与大师之间的差距太大了。数次观看了他的教学录像,认真分析与总结了程老师的课堂教学精髓——以学生为主、展示自我、激励点评、融入情境,教师重在引导学生"感受、鉴赏""思考、领悟"。笔者结合自身具体情况,在课堂教学中运用了程老师的先进教学理念,深受学生欢迎,取得了非常好的教学效果。

综上所述,用录像进行教学反思,是非常有效的一种反思手段,对提高教师的教育教学水平,对教师的专业化成长有着相当重要的作用。①

三、调查学生

调查学生是小学教师通过了解学生对教学的评价、态度、意见或建议而进行自我反思的一种重要途径。布鲁克菲尔德认为,评价良好教学实践最基本的元标准"就是

---

① 曾理华.反观录像反思自我促进教师专业成长[J].语文天地,2011(1).

教师在何种程度上从学生的眼中看自己,即教师在何种程度上有意识地和系统地深入到学生的头脑中,从他们的立场来审视课堂教学和学习"①。

与撰写教学日志和观看教学录像相比较,调查学生这一自我反思途径的重要价值在于它能够更加深入、更加准确地了解学生对教学的看法。在撰写教学日志和观看教学录像过程中,小学教师只能回想起或看到学生在教学过程中的表现,而没有与学生针对教学进行交流。在这种情况下,小学教师可能会误解学生的态度,得出错误的判断。布鲁克菲尔德指出,学生在教学中的感受可能与教师的感受相同,也可能会不同,甚至大相径庭。譬如,教师碰巧说出的没有特殊意义的评论,而学生却认为是必须遵循的训令。教师未经思考顺口说出的并不重要的问题,常常反过来被学生用以证明教师的自相矛盾。教师认为是令人充满信心的行为,有时被学生解释为对他们过于悉心的保护。当课堂上出现的新情况把教师从原来的教学计划中岔开时,教师以为是鼓舞人心、富有创造性的时刻,却被学生认为是言行不一或者让他们感到迷惑。教师出于善意的激励性的玩笑,学生却认为对自己造成了伤害。②因此,没有对学生学习体验的深入调查了解,教师的任何方法的选择都有可能是不知情的、不适宜的或有害的。

对小学教师的教学进行评价的主体,除了小学教师自己外,还包括小学生、同事、学校管理者、理论工作者等。不同的主体对小学教师教学的评价既可能一致,也可能出现矛盾。前面说到,教师与学生对教学过程的评价可能出现不一致的情况。同样,小学生、同事、学校管理者、理论工作者之间对教师教学的评价也可能不一致。在这种情况下,即使小学生的评价不够深刻、不够科学,小学教师也应该更看重小学生的评价,因为小学生是教学过程的出发点,小学生的发展是教学过程的最终目的。根据建构主义学习理论,小学生的学习是小学生以其已有的知识经验为基础而进行的主动建构的过程,小学生的发展最终是由其自己完成的。如果小学生在教学过程中体验到的是痛苦,那么,其他人无论评价教学过程多么好都没有意义。

虽然小学生与小学教师同是主体,但是,由于知识经验的局限,小学生不同于小学教师、学校管理者或理论工作者,他们在小学教师的教学反思中更多扮演提供反馈素材的角色,因此,本书把调查学生作为小学教师自我反思的重要途径之一。小学教师调查学生的主要方式有访谈调查和问卷调查两种形式。

访谈调查是指小学教师采用个别或集体形式,借助口头语言,面对面了解小学生对教学的评价、态度、意见或建议。小学教师采取访谈调查形式的主要优点是收集方式简单,易于操作。而且由于小学生对于文字的理解和应用不够熟练,小学教师运用访谈法也有其特殊的意义。另外,小学教师在进行访谈调查时,不拘于形式,访谈内

---

① [美]斯蒂芬·D.布鲁克菲尔德.批判反思型教师ABC[M].张伟,译.北京:中国轻工业出版社,2002:44.
② [美]斯蒂芬·D.布鲁克菲尔德.批判反思型教师ABC[M].张伟,译.北京:中国轻工业出版社,2002:42-43.

容较有弹性,可随时进行补充调查。小学教师通过访谈调查进行自我反思也有一定的局限。一方面,访谈调查的样本往往过少,因而,通过访谈了解小学生对教学的评价可能缺乏代表性。这就要求小学教师在进行访谈调查时也尽量多访谈学生,而且在选择访谈样本时,要从成绩、性别、性格、在班级中的职务等多个角度考虑到样本代表性。另一方面,除非教师与学生建立起充分的相互信任,在访谈过程中,由于担心教师不高兴,小学生有可能不愿意当面对教师的教学做出消极评价,或者有可能说假话。为此,布鲁克菲尔德建议教师要重视运用匿名问卷调查形式对学生进行调查。①

关于调查学生的时间和内容,布鲁克菲尔德认为,教师在每周最后一节课结束之前对学生进行一次调查,每次让学生花5至10分钟填写匿名调查表。调查的主要内容包括:① 本周课堂上,什么时刻让你感到对当时发生的事情最投入? ② 本周课堂上,什么时刻让你感到对当时发生的事情最淡漠? ③ 本周课堂上,你发现有人(教师或学生)采取的什么行动最能帮助自己? ④ 本周课堂上,你发现有人(教师或学生)采取的什么行动让你感到最为费解和迷惑? ⑤ 本周课堂上,最让你惊奇的是什么?

关于对问卷调查的处理,布鲁克菲尔德认为,教师要在下周开始上课时对学生所做的问卷进行及时反馈,这能够表明教师对学生意见的重视。教师反馈的主要内容包括两个方面,一是吸收学生正确的意见,并积极加以改进。二是向学生指出不恰当的意见,并对其进行解释,让学生理解不恰当的原因。

关于问卷调查应注意的问题,布鲁克菲尔德指出,教师在进行问卷调查时容易患上"十全十美"综合征,容易掉进"执着于改变的陷阱",即除非所有学生都满意,否则自己的教学就失败;即使是最敌对的学生,教师也总想让他们对所有的教学过程充满热情;如果从我们班里出去的每个学生不是内心洋溢着无限的喜悦,那么我们就是白白浪费了时间。对此,他指出,教师使用匿名调查表的关键不是获得来自学生的一致满意的、十全十美的赞美,而是发现一些学生普遍反映的现实的问题,而这些也正是教师需要认真分析和着力解决的问题。我们认为,在问卷调查时,小学教师也应该高度重视小学生普遍反映的肯定评价,这些肯定评价是小学教师提高自我效能感的重要基础,是小学教师需要着力加以总结的宝贵经验。

---

① [美]斯蒂芬·D. 布鲁克菲尔德. 批判反思型教师ABC[M]. 张伟,译. 北京:中国轻工业出版社,2002: 141-172.

案例：

从学生"学的角度"反思自己的教学行为
——从《谈读书》《狼》两课例的"课后反思"说开去

孙 振

《谈读书》的"课后反思"中有这样一句话："课堂教学是一门遗憾的艺术，我在教授本课时还存在许多不足。"《狼》的"课后反思"中有类似的一句话："课堂教学永远都是有遗憾的艺术，还有一些不尽人意之处。"何以来自不同地区、不同学校的两位老师在"课后反思"中会出现如此类似的"反思"呢？

这让我想到这样一句话："电影是一种遗憾的艺术。如果换某某来演的话，可能会是另外一种情况。"很显然，这种来自千里之外的不谋而合是语文课堂是一种表演的思想在作怪。老师们没有真正反思自己的"教""学"行为，没有从学生的角度反思自己的课堂行为。

学生到学校里来上学，是来看各科老师的表演的吗？如果是的话，那这些表演实在太差劲了，恐怕连走街串巷弹琵琶讨饭的都不如。不帅不美，演技差，脾气又坏，难怪有这么多学生厌学了。这就是表演立场给我们的教学带来的严重后果。教师只关注自己有没有完成教学目标，有没有用好多媒体，有没有学生热烈的鼓掌和欢乐的课堂氛围……从来没有从学生"学的角度"反思一下自己的行为是否得当。

学生到学校里来，是来发展自己的。教师教学的本质是帮助学生成长的。不论是备课、上课、课后反思都应该从学生"学的角度"来进行。这才是真正实践了新课程以"学生为本"的理念。

那么怎样从"学的角度"来进行课后反思呢？

王荣生教授在《阅读教学设计的要诀》一书中指出：一堂课上完后，该反思什么呢？

1. 据我回想，学生在多大程度上参与了教学活动？
2. 学生都学到了我想要教给他们的东西了吗？我的教学目标达到了多少？
3. 在教学中，我是不是改变了我的教学计划？如果改变了，为什么？
4. 如果有机会再次给同样的学生上同样的课程，我会在教学时做出哪些调整？为什么？
5. 提供学生的作业样本，这样才能反映本班学生的能力水平以及你对学生提供的反馈。

第一条，"学生"在多大程度上参与了教学活动，强调的是学生参与，而不是作为老师的"我"提问了多少学生,组织了多少学生参与了小组活动等。有些学生上课也回答问题,也参与小组讨论发言了,但是他回答的是他早就会的,他的讨论是从别人那里或参考书上抄袭来的,没有经过自己的思考,那他就是没有参与教学活动。

第二条,学生都学到了我想要教给他们的东西了吗?有多少学生学到了我想要教给他们的东西?

在这里,首先教师要明确要教给学生什么东西。字词,可以;修辞方法,可以;写景方法,可以;感情体验,可以;阅读同类文章的方法,可以……但是牵强附会的五分钟导入是学生要学习的吗?不是,好,删掉。

要学习这些,学生掌握了吗?有多少学生掌握了呢?这是从学生"学的角度"反思,这是关注学生,以学生为本。

第三条,在教学中,我是不是改变了我的教学计划?如果改变了,为什么?

教学工作具有不确定性,不能像流水线那样完全按照规程来生产同样的产品。我们所面对的是有头脑、有想法的活生生的人。上一个学生这样,下一个学生就可能石破天惊、语出惊人,与你之前的教学设想完全搭不上边。在这样的情况下,我们常规的做法是"好,你说得很好,大家掌声鼓励。"然后,不接学生的招,继续按自己的设计走。给学生以鼓励,这似乎是尊重学生的主体地位,但你不接学生的招,不改变既定的教学计划,依然我行我素推进自己预设好的教学步骤,唯恐完不成教学任务,甚至埋怨学生打乱了自己的教学计划,这是"尊重学生的主体地位"吗?

因此,在教学中真正以学生为本,就要根据学生学的情况适时改变自己的教学计划。改变教学计划的目的是为了学生更好地学。

第四条,如果有机会再次给同样的学生上同一堂课,我会进行哪些调整?为什么?

学生哪里掌握不好,哪里是认知的难点?如果再给他们(同样的学生)上同样的课的话,我会进行哪些方面的调整,以便使他们掌握得更好,理解得更深,感受得更真切。

第五条,在反思中关注学生的作业样本。教师批改学生的作业,不仅仅是给学生打一个分数,不仅仅是给学生判一个成绩,更重要的是,通过学生的作业样本来检验自己课堂教学的效果,来探测学生学习的经验,来为以后课堂教学的改善,寻求切实的落脚点和入手处。

上述两位老师以及很多老师的课后反思,都是在反思自己的教学行为哪里不好,都没能站在学生学的角度上反思自己的行为是否有利于学生更好地学,更好地发展。只有站在学生"学的角度"上反思自己的行为,才是新课标"以生为本"的理念。[1]

---

[1] 孙振. 从学生"学的角度"反思自己的教学行为——从《谈读书》《狼》两课例的"课后反思"说开去[EB/OL]. http://blog.sina.com.cn/s/blog_4d7362730102w50p.html.

上述案例生动而深刻地阐述了教师从学生"学的角度"反思自己的教学行为的重要性，然而，笔者认为，在该案例中，教师从学生"学的角度"反思自己的教学行为的方法主要依靠的教师个人对学生想法或观点的主观臆想，是教师设身处地的一种换位思考。如果教师能够与学生面对面，直接沟通；或者通过问卷调查，直接获得学生的意见和建议，那么，教师从学生"学的角度"反思自己的教学行为会更具有科学性。

思考问题

1. 小学教师自我反思的内涵是什么？
2. 自我反思对于小学教师专业发展的重要意义是什么？
3. 实践知识理论的基本观点是什么？
4. 实践知识与理论知识的关系是什么？
5. 小学教师在通过调查学生进行自我反思时应该注意哪些方面？

第五章
同伴互助与小学教师专业发展

本章重点
➢ 小学教师同伴互助的内涵
➢ 课例研究

由雅克·德洛尔任主席的国际21世纪教育委员会向联合国教科文组织提交的报告《教育——财富蕴藏其中》指出,在21世纪,每个人一生中的知识支柱有四个,即学会认知,学会做事,学会共同生活,学会生存。其中,学会共同生活的目的是便于与他人一道参加人的所有活动并在这些活动中进行合作。① 同伴互助具有合作性质,它是小学教师在职场中学会共同生活的根本表现,是小学教师专业发展的一条非常重要的途径。虽然我国小学教师有教研组这样的同伴互助组织,有合作备课、相互听评课这样的同伴互助形式,但是,当前我国小学教师同伴互助的状况还差强人意。因此,系统探讨小学教师专业发展中的同伴互助课题具有重要的现实意义。

教师同伴互助研究

---

① 国际21世纪教育委员会.教育——财富蕴藏其中[M].联合国教科文组织总部中文科,译.北京:教育科学出版社,1996:75.

第一节　小学教师同伴互助的内涵

在新中国成立初期,我国小学教师不仅有同伴互助的活动,而且有同伴互助的组织,然而,从理论角度说,当时还没有出现小学教师同伴互助概念。

早在20世纪40年代,苏联中小学"在校务会议设有研究学校教导各项问题的委员会。在大规模的学校里,校务会议下面设有研究学校各学科教学问题的各学科教学研究组和各年级教学研究组。这种协同一致的集体工作跟教师的相互听课结合起来,就能促进教师业务水平和学校教学工作质量的提高"①。借鉴苏联的经验,我国教育部在1952年颁布的《小学暂行规程(草案)》中指出:"小学教师依照学科性质分别建立研究组,研究教学内容和教学方法,交流、总结经验;每两周举行一次教导研究会议;规模较小的小学由同地区内几所小学联合举行教导研究会议。"②一直到今天,我国小学还存在教研组、年级组、备课组等具有教师同伴互助性质的组织,还在开展集体备课、相互听评课等具有教师同伴互助性质的活动。学校教研组制度对于小学教师专业发展起到了重要作用,然而,当前该制度存在比较严重的形式主义问题,亟须改进。而实践的改进需要以理论上的创新作为先导,需要用先进的理论作为指导。本书在这里所探讨的小学教师同伴互助就属于该方面的理论努力。

"同伴互助"概念是舶来品,其英文是 peer coaching,又被称为同伴指导,该概念出现于20世纪80年代,最先是由美国学者乔伊斯(Joyce,B.)和肖尔斯(Showers,B.)提出,其背景是教师培训效率低下。20世纪60年代前后,美国对教师培训工作日渐重视,然而,其效率却不高。70年代的研究表明,只有10%的教师能够将其在培训过程中学到的知识与技能运用于实践。针对这一问题,早期的研究者把原因归于参加培训的教师的学习动机、学习态度不正确。乔伊斯和肖尔斯认为,这种归因是不当的,他们认为,改变教师培训模式的设计和组织方法可能有助于教师将通过培训所获得的知识技能运用于教学实践,教师可能需要持续的帮助和反馈才能够将在培训中所学到的知识技能运用于实践,而这种新的教师培训模式、教师所需要的持续帮助和反馈就是教师之间的同伴互助。随后,乔伊斯和肖尔斯通过实验证明了同伴互助对于教师运用新知识技能的作用。他们将同时参加为期三个月的在职培训的教师分为两组,其中一组教师所在学校在培训期间实施了教师同伴互助,另一组教师所在学

---

① [苏]波·恩·申比廖夫,伊·特·奥哥洛德尼柯夫.教育学[M].陈侠,熊承涤,译.北京:人民教育出版社,1955:525.

② 葛金国.学校管理学[M].合肥:中国科学技术大学出版社,1996:201.

校则没有实施这样的活动。结果发现,前一组教师中有75%的教师能有意识地、比较有效地应用所学的知识技能,另一组教师中只有15%的教师具有相同的表现。①从上述背景可以看出,同伴互助原本就是作为教师专业发展的有效途径而构建的概念,当前,同伴互助概念已经超出了仅仅是为专业培训服务的范畴,而独立成为校本培训的一种重要形式。

不同学者对于同伴互助概念的界定往往存在一些差别。譬如,乔伊斯和肖尔斯认为,同伴互助是一种教师学习、集体探索、相互启发、共同进步的实践操作模式。②我国台湾学者认为,同伴互助是一种教师工作在一起,形成同伴关系,透过共同阅读与讨论、示范教学、课程研究,特别是有系统的教室观察与反馈等方式,来彼此学习新的教学模式或者改进教学策略,进而提高学生学习成效、达成教育目标的过程。③ 根据我国学者朱宁波对同伴互助的界定④,笔者认为,小学教师同伴互助是指在多个小学教师之间发生的、以专业发展为指向的、通过多种手段开展的旨在实现小学教师持续主动地自我提升、相互合作并共同进步的教学研究活动。小学教师同伴互助概念的内涵主要包括以下方面。

一、小学教师同伴互助的主体以同校多位教师为主

一方面,小学教师同伴互助的主体是多位小学教师,前一章所说的小学教师自我反思的主体是小学教师自己,它属于小学教师自助范畴,是小学教师自我教育、自我提升的专业发展途径。与其相比较,小学教师同伴互助的主体则是多位小学教师,多位小学教师之间互相帮助,共同实现专业发展。多位小学教师可以是任教同一学科的教师,如同一教研组或备课组的小学教师;也可以是任教不同学科的教师,如同一年级组的小学教师。

另一方面,小学教师同伴互助的主体是同校多位小学教师。小学教师同伴互助既可以指同校多位小学教师之间互相帮助,也可以指校内小学教师与校外小学教师之间相互帮助。笔者认为,小学教师同伴互助的主体应该以前者为主。在现代汉语中,"同伴"一词主要有两种含义,一是指共同参与某事的人;二是指在一起工作或生活的人。在此,笔者取后一种含义,而在一起工作的人显然指的是同校小学教师。

在我国一些学者看来,小学教师还可以选择校外成员如教育行政机构中的教研员、高校中的教育专家进行同伴互助。笔者认为,这不够严谨。首先,教育行政机构中的教研员、高校中的教育专家等校外成员并不是与小学教师一起工作的人,因此,不宜将其称为同伴。其次,教育行政机构中的教研员、高校中的教育专家与小学教师之间的关系往往不是互助关系,而是业务指导关系,而这属于我们在下一章要探讨的

---

① 王少飞.新课程背景下的教师专业发展[M].上海:华东师范大学出版社,2005:175-176.
② 傅建明.教师专业发展——途径与方法[M].上海:华东师范大学出版社,2007:154.
③ 傅建明.教师专业发展——途径与方法[M].上海:华东师范大学出版社,2007:155.
④ 朱宁波.校本教研中的教师同伴互助[J].教育科学,2005(5).

专业引领范畴。

二、小学教师同伴互助的实质是小学教师之间的合作

从本质上说,小学教师同伴互助既不是小学教师之间的竞争关系,也不是小学教师之间的指导与被指导关系,而是小学教师之间的合作关系。美国学者弗里恩德和库克认为,真正的合作具有以下七个特征:

(1) 合作是出于自愿的。理想的合作必须在合作者主观选择的基础上产生,无法通过行政命令或管理措施来完成,尽管这些外部力量可以迫使人聚集到一起来工作。

(2) 合作是建立在平等基础上的。在合作过程中,尽管不同的个体对于集体的贡献在数量和质量上可能存在差异,但他们都应当被平等地视为合作成果的有机组成部分。

(3) 合作者之间有一个共同的目标。这是合作赖以发生的条件。

(4) 合作者共同参与重大问题的决策。在合作过程中,每一个合作者的劳动分工可能不同,但他们都有平等参与合作组织的重大问题决策的权利。

(5) 合作者共同为决策后果承担责任。根据权责对称原则,每一个合作者在平等享受决策权的同时,必须对自己的决策后果负责。

(6) 合作者共享资源。在合作过程中,每一个合作者都必须向合作组织贡献自己的独特资源,以供大家共享,共享资源包括时间、专业技术、空间、设备等。

(7) 合作者之间必须相互信任和尊重。该特征使得合作区别于一般的集体活动或工作,它对合作的发生、发展和结果都有直接影响。[①]

三、小学教师同伴互助的过程以研究为基础

我国小学教师虽然有借助教研组这一专业组织进行同伴互助的传统,但是,一直以来,我国小学教师的集体性教研活动效果不彰,甚至存在比较严重的形式主义问题。其原因固然是多方面的,我们认为,重要原因之一是具有同伴互助性质的集体教研活动缺少坚实的研究基础。"教师成为研究者"理念创立者斯滕豪斯认为,教师的研究必须要具备研究的前提性资格。关于什么才算教育研究,斯滕豪斯的回答是:"研究是一种系统的、持续的、有计划和自我批判的探究,这种探究应该进入公众的批判领域。"有时他简单地把研究资格表述为"研究就是公开而系统的探究"[②]。以此进行反思,可以看出,我国小学教师教研活动不缺少"公开性",而是缺少"系统性"。而所谓系统性,在这里就是指小学教师在集体性教研活动中要讲究研究方法。因此,要提高我国小学教师同伴互助的质量,非常重要的任务是使其过程以研究为基础,而

---

① 杨翠娥.走向生命关怀的教师专业发展[M].北京:知识产权出版社,2015:69-70.
② 刘良华.重申"行动研究"[J].比较教育研究,2005(5).

且要非常注重研究方法的科学性。

与小学教师同伴互助过程的研究性相反的是，该过程沦为"随意性的问题解决"。也就是说，在所谓的同伴互助过程中，小学教师不进行仔细的研究，而是随意性地提出所谓的意见、建议，所有这些对于小学教师的专业发展都没有实质性的帮助。正如有学者指出的那样，教师同伴互助的方式是多种多样的，但是，无论是哪种方式，都必须基于教师个体的研究和合作研究。比如，在最常见的课堂观察中，作为被观察者的教师的教学活动是以其个人探究和合作探究为基础的，作为观察者的教师同样需要对相关主题、被观察教师的特征、教学活动的优点和存在的问题进行探究，只有在注重探究的基础上，观察者才能提供适当的反馈，提供适合于被观察者专业发展的帮助和支持。在教学后，被观察者同样需要对自己的教学活动进行深入的反思探究，而与观察者一起进行教学后反思更是一个合作探究的旅程。总之，在同伴互助中，"不经过研究，迅速为复杂问题提出一个简单的方案是没有价值的"[①]。需要指出的是，小学教师同伴互助过程以研究为基础，这里所说的研究不是专业研究工作者所进行的科学研究，而是教学研究，是更适合于一线小学教师且讲究研究方法严谨性的行动研究或自我反思。

四、小学教师同伴互助的主要目的是促进自身专业发展

小学教师同伴互助是多位小学教师合作进行的教学研究，其目的可能有三个：一是理论目的，即小学教师通过同伴互助，构建抽象的教育理论知识。二是实践目的，即小学教师通过同伴互助，更好地解决实际问题，提高实践质量。三是发展目的，即小学教师通过同伴互助，促进所有参与的小学教师获得更好的专业发展。笔者认为，所有的小学教师同伴互助都可能具有这三种目的，而在进行同伴互助时，小学教师必须进行价值取向选择。如果价值取向选择不当，就会导致目的的不当，而在目的不当的情况下，小学教师同伴互助走入误区往往在所难免。

笔者认为，小学教师同伴互助的主要目的是促进小学教师专业发展。该价值取向选择的意蕴主要包括以下三个方面：

首先，小学教师在同伴互助过程中，往往会把合作研究的过程和结果形成文本材料。然而，形成这些文本资料的根本目的不是为了正式出版或发表，不是为了丰富和发展教育理论，而是为了给其他小学教师提供学习、审查和借鉴的文本载体，是为了进行校本的知识管理，是为了丰富学校的鲜活的知识经验。

其次，小学教师在同伴互助过程中，往往会以具体的教学问题作为切入点进行合作研究，往往会把实际问题的解决和实践的改进作为某一阶段同伴互助结束的标志。然而，该目的是小学教师同伴互助的次要目的，它甚至具有手段性质。小学教师在同伴互助中主要追求的是所有小学教师专业素质的提升。换言之，从本质上说，小学教

---

① 王少飞.新课程背景下的教师专业发展[M].上海：华东师范大学出版社，2005：177.

师同伴互助是小学教师的专业发展过程,是其终身学习过程,而不是其实践过程,就如同小学教师在劳动教育过程中把小学生的劳动素质的提升当成主要目的而不是把小学生的劳动结果当成劳动教育的主要目的一样。

最后,小学教师同伴互助的主要目的是促进小学教师专业发展,还意味着在同伴互助过程中,对所有参与的小学教师的行为评价应该是形成性评价,而不是终结性评价。这种评价不应该对小学教师专业发展进行盖棺定论,更不是以此为基础对小学教师实施奖励或处罚;而应该是帮助每位小学教师明确认识到自己专业发展的优点和不足,更为清楚地知道自己未来的努力方向。如此形成性评价的重要假设是每个小学教师都是终身学习者,都不仅有自己的持续成长空间,而且有帮助他人实现专业发展的能力。

五、小学教师同伴互助的形式丰富多样

国内外学术界一般认为教师同伴互助的形式是多种多样的。我国有学者将教师同伴互助的形式分为三类,每一类又包括若干具体的类型。第一类是对话类教师同伴互助,具体包括信息交流、经验共享、深度会谈、专题讨论四种形式。第二类是协作类教师同伴互助,具体包括同伴临床互助、同伴教学指导、合作研究等类型。第三类是帮助类教师同伴互助,主要是师带徒形式。① 在罗宾斯看来,根据结构化程度,教师同伴互助的形式主要包括非正式的同伴互助和正式的同伴互助两种类型,其中,非正式的同伴互助包括分析学习资料、开发者学习经历;开发跨学科单元;课例研究;讲述教学故事;录像分析;谈论学生作业;读书俱乐部;研究小组;问题解决;课程开发等形式。正式的同伴互助具体包括共同教学;共同计划、观察和会谈;教练作为导师;教练作为镜子;教练作为行动研究者;教练作为专家;教练实施观察前会议、教室观察、观察后会议等形式。② 从上述研究成果可以看出,小学教师同伴互助的形式是多种多样的。对于这一方面,笔者认为,它是一把双刃剑,既可能是小学教师同伴互助的优势,也可能是小学教师同伴互助的不足。其优势可能体现在它会使小学教师同伴互助充满活力,彰显特色;而其不足可能体现为如此分类存在子项相容的逻辑问题,更为严重的问题是它可能会使小学教师同伴互助走向泛化、随意化、形式化,从而降低其促进小学教师专业发展的效果。笔者认为,在当前我国小学教师专业发展现实背景下,应该采取更为严谨的、更有实效的同伴互助形式,该形式应该能够切实体现小学教师的合作、研究、促进专业发展等特征。当前能够很好地体现这些特征的小学教师同伴互助形式就是课例研究。本章将在下面对该同伴互助形式专门进行探讨。

---

① 余文森,洪明.校本研究九大要点[M].福州:福建教育出版社,2007:22-25.
② 王少飞.新课程背景下的教师专业发展[M].上海:华东师范大学出版社,2005:178.

第二节 同伴互助对于小学教师专业发展的意义

在终身学习时代,小学教师需要坚持学习,需要持续不断的专业发展。然而,小学教师的专业发展仅仅靠个人努力学习是远远不够的,他们只有在学习过程中同伴互助,才能有效促进自身的专业发展。正如迈克尔·富兰指出的那样:"协作对于个人的学习非常重要。如果我们不与人交往,我们能够学到多少东西是有限的。协作的能力,不论在小范围还是在大范围内,在后现代社会正在成为十分需要的能力之一。只要他思想开放(例如提倡探索),个人的力量与有效的协作相结合将变得更为巨大。"① 小学教师同伴互助对于学生的健康成长、学校办学水平的提高和教师专业发展都具有重要意义。在此,本节集中探讨其对于小学教师专业发展的意义。前文已经指出,小学教师同伴互助的实质是小学教师之间的合作,因此,在一定程度上说,小学教师同伴互助也可以理解为小学教师合作。根据我国学者关于教师合作对于教师发展的意义的思想②,本书认为,同伴互助对于小学教师专业发展的意义主要表现在以下三个方面。

一、增加小学教师专业发展的长度

小学教师专业发展的长度、宽度、深度等概念是从哈格里夫斯关于教育改革的三维评价标准借鉴而来的。在这里,小学教师专业发展的长度是指小学教师具有可持续专业发展的意愿。自古以来,具有积极主动的发展意愿以及以其为基础的坚持不懈的努力是一个人获得良好发展的必要前提,在当今终身学习的时代背景下,小学教师专业发展的长度具有尤其重要的意义。

根据社会互依理论,每个人的成功都离不开所置身于其中的集体,集体是个人成功的主要载体和依赖。当由个人构成一个合作性的集体时,集体组织内部就会形成一种"能源",或"集体动力",这种动力将推动成员与集体协调一致地持续发展。③ 迈克尔·富兰则从焦虑这一情绪角度深刻地阐述了合作对于教师专业发展意愿的影响。人们往往将焦虑作为需要克服的消除情绪,其实,焦虑是"处在混沌边沿的人类精神世界的一个不可避免的特征,承受焦虑的能力是能否生活在这种环境下的一个前提"。在迈克尔·富兰看来,焦虑对于教师专业发展的意愿具有双重影响。一方

---

① [加]迈克尔·富兰.变革的力量——透视教育改革[M].中央教育科学研究所,加拿大多伦多国际学院,译.北京:教育科学出版社,2004:25.
② 饶从满,张贵新.教师合作:教师发展的一条重要途径[J].教师教育研究,2007(1).
③ 朱旭东.教师专业发展理论研究[M].北京:北京师范大学出版社,2011:212.

面,焦虑可能具有驱力作用,它能够激发、维持、加强智力活动的进行。"如果焦虑被权力阶层牢牢地压抑了,虽然压力的程度降低了,但是,与此同时,解决复杂问题的意愿和能力也就随之降低了。"另一方面,过度的焦虑如果不能得到适当的控制,则会发展成为职业倦怠,进而妨碍、中断、削弱智力活动的进行。小学教师同伴互助则具有既可以激发焦虑又可以控制焦虑的双重性,从而有助于小学教师专业发展意愿的激发与强化。一方面,小学教师在同伴互助过程中,必然会出现差异化、多元化、开放性的互动,这种互动能够引发小学教师个人和集体的焦虑和冲突,进而使得小学教师认识到学习和发展的必要性,并产生学习的意愿。另一方面,过度的焦虑会导致教师职业倦怠,而职业倦怠则减弱了教师专业发展的意愿。在面临职业倦怠时,教师迫切需要他人的支持,如果教师陷入孤立主义,则不可能克服职业倦怠。大量研究表明,良好的同事关系能够有效减少教师职业倦怠。因此,小学教师通过同伴互助能够有效控制焦虑,从而继续保持专业发展的意愿。

二、增加小学教师专业发展的深度

小学教师专业发展的深度主要是指小学教师专业发展的质量。同伴互助能够增加小学教师专业发展的深度这一意义主要是与小学教师通过自我反思促进其专业发展比较而言的。小学教师在自我反思过程中,可能会由于个人的视野局限而出现偏差,而且也会由于个人视野的有限而难以走向深入。而在同伴互助中,小学教师之间可以通过听课、观摩、讨论、交流等合作形式扮演形成性评价的角色,这就有助于小学教师减少自我反思的偏差,有助于小学教师将自我反思走向深化。

在一定程度上说,小学教师专业发展过程也是一种具有研究性的学习过程,而社会建构主义学习理论则能够为小学教师同伴互助增加其专业发展的深度提供学习心理学方面的有力证据。社会建构主义学习理论是以维果茨基的思想为基础发展起来的,它主要关注学习和知识建构的社会文化机制。社会建构主义学习理论认为,虽然知识是个体主动建构的,而且只是个人经验的合理化,但这种建构也不是随意的建构,而是需要与他人磋商并达成一致来不断地加以调整和修正,并且不可避免地要受到当时社会文化因素的影响。也就是说,学习是一个文化参与的过程,学习者只有借助一定的文化支持来参与某一学习共同体的实践活动,才能内化有关的知识。所谓学习共同体,就是由学习者及其助学者共同构成的团体,他们彼此之间经常在学习过程中进行沟通交流,分享各种学习资源,共同完成一定的学习任务,因而在成员之间形成了相互影响、相互促进的人际关系,形成了一定的规范和文化。① 因此,在社会建构主义学习理论看来,"独学而无友,则孤陋而寡闻",个体的知识建构过程不仅需要个体与物理环境相互作用,更需要个体之间通过学习共同体的合作互动来完成。根据社会建构主义学习理论,小学教师同伴互助能够帮助其获得更加接近真理的知

---

① 陈琦,刘儒德.教育心理学(第 2 版)[M].北京:人民教育出版社,2007:195.

识,进而使其获得更好的专业发展。

三、增加小学教师专业发展的宽度

小学教师专业发展的宽度主要是指小学教师专业发展的目标不局限于小学教师个人发展,而是更注重小学教师集体发展与学校发展。同伴互助能够增强小学教师专业发展的宽度主要表现在以下两个方面:

一方面,小学教师同伴互助能够促进学校学习型组织的建设。1990年,美国学者彼得·圣吉在《第五项修炼:学习型组织的艺术与实务》一书中提出学习型组织理论,它是当今最前沿的管理学理论之一,被称为"21世纪的管理学圣经"。他认为,世界著名大企业的重要特点之一就是其组织是一个学习型组织。我国中央教育科学研究所前所长朱小蔓教授指出,那些充满生机、教育质量高的学校,同时都是一个个充满创新活力的学习型组织。学习型组织理论不仅高度重视学习,而且强调这种学习应该是团体学习,即组织成员之间能够敞开心灵,充分交流,相互启迪,共同提高。显然,这种团队学习是在同伴互助的过程中实现的。

另一方面,小学教师同伴互助能够促进学校进行知识管理。20世纪60年代初,美国管理学家彼得·德鲁克首先提出了知识工作者和知识管理概念。知识管理理论认为,在知识社会中,最基本的经济资源不再是资金、自然资源和劳动力,而应该是知识,知识已成为最主要的财富来源,组织和个人的最重要任务就是对知识进行管理。知识管理将使组织和个人具有更强的竞争实力,并做出更好的决策。在组织内通过学习和交流,实现知识共享,知识不会因为传播而减少,交流和分享却能使整个团队的集体智慧增加。强调成员的协作,实现成员的知识共享和流动,能够快速地提高团队的知识总量和集体智慧,从而增强企业的竞争力。小学教师同伴互助是学校进行知识管理的必由之路,它在促进小学教师个人专业发展的同时,能够促进所有参与同伴互助的小学教师实现共同的专业发展,更为重要的是,它能够使学校更具有竞争力,从而提高办学水平。

第三节　课例研究是小学教师同伴互助的重要形式

前文已经说到,小学教师同伴互助的形式丰富多样,有研究者甚至并列出了一二十种形式,如互动式研讨、集体听课、分组讨论、大会交流、专家分析、总结评估、集中备课、个人自备、集中议课、专人整理、反思修订、录像剖析、合作(交换)上课、教研沙龙、课题研究、读书会等。① 然而,小学教师同伴互助的形式未必是越多越好,关键是在理论上要严谨,在实践上要有效。在当下,从理论角度说能够体现小学教师同伴互助的同伴性、合作性、研究性等属性,而从实践角度说能够得到众多实践支持的卓有成效的小学教师同伴互助形式,应该是课例研究。课例研究起源于日本,美国学者刘易斯(Catherine Lewis)、斯迪格勒(James W. Stigler)、希伯特(James Hiebert)等人从20世纪90年代初开始对日本的课例研究进行研究,他们认为,日本的课例研究是日本教师专业发展的核心方式。② 下面,我们侧重以日本课例研究为例对课例研究进行比较全面的探析。

一、课例研究的兴起与影响

课例研究起源于日本,它又被称为授业研究、研究课。课例研究的英文是lesson study,其含义是"课的研究"。这里的"课"即学校中具有特定科目、特定学习内容、以40分钟左右为单位的教学单元。课例研究在我国类似于研究课、磨课、公开课、观摩课等概念。

课例研究在日本有着较为悠久的历史,有研究者指出,"到20世纪60年代中期,校本培训就开始和课例研究相结合"③。国外也有学者对日本课例研究进行了深入的研究。譬如,刘易斯于1993年至2000年间,在日本撰写她的著作《教育心智:对日本学前和小学教育的反思》。1996年至2000年间,她在日本不同地区的40多所学校进行了研究课的观摩,有针对性地采访了75位日本小学教师和管理者。一个有趣的现象是,当她问日本的教师,什么对他们的教学影响最大时,教师们的答案都是研究课。随后,刘易斯与一位日本学者合作发表了多篇关于日本课例研究的文章,但当时并没有引起美国教学界很大的关注。美国教学界还认为,在日本学校普遍盛行的课例研究,在美国很难实行,因为日本是一个教育集权制的国家,全国使用的是统一的课程,而且,日本教师还有合作和批判性反思的传统。

日本课例研究为世界所关注的时间是1999年。在这一年,斯迪格勒和希伯特出版了一本名为《教学的差距:世界教师改进课堂教学的精彩观点》的书。该书的直接背景是在由国际教育成就评价协会(The International Association for the Evaluation of Educational Achievement)组织的国际数学和科学评测趋势(The Trends in International Mathematics and Science Study)测验中,日本学生取得了卓越的成绩。该书对日本、美国和德国的课堂教学录像进行比较研究,发现日本教师在课堂中培养学生高层次思维的方法比较多,并认为这是导致日本学生高成就的主要原因。后续的研究又指出,日本教师在教学上的成功与日本教师的一种特殊的研究

---

① 傅建明.教师专业发展——途径与方法[M].上海:华东师范大学出版社,2007:164-170.
② 杨帆,夏惠贤.日本课例研究的特征及对教师专业发展的影响[J].外国中小学教育,2008(12).
③ 胡庆芳.论日本中小学的校本培训:从课例研究的视角[J].外国中小学教育,2007(2).

活动相关,该研究活动即课例研究,这直接促使了美国学者对课例研究的关注。截至2004年,美国至少有32个州的125个学区的335所学校参与课例研究,形成了150多个课例研究团队,至少有2 300名教师参与其中。2005年12月和2006年12月,香港教育学院组织了第一届和第二届课例研究年会,来自美国、英国、日本、瑞典、澳大利亚、新加坡、伊朗和中国等八个国家的研究者参加了会议。自第一届年会起,日本的授业研究、香港的课堂学习研究和上海的行动教育等三种课例研究模式引起广泛关注,其中日本的授业研究影响最大。目前美国、新加坡、伊朗等一些国家把课例研究视为"改变21世纪教师专业发展的强有力途径"而加以推广。2011年在日本东京召开了第七届世界课例研究协会国际研讨会。截止到2011年,课例研究已推广到25个国家。

二、课例研究的内涵

对于课例研究的内涵,不同的学者往往有不同的界定。在日本,研究"课例研究"的主要专业团体在名古屋大学。该团体把课例研究理解为教师对课堂行为的合作研究,其目的是通过这种研究,创造各种机会和有效的方法,来改变、丰富和改善学校学习环境。在美国,课例研究的主要倡导者是刘易斯,她认为,课例研究是教师的专业发展方式,是改进教学的策略。她用描述课例研究过程的方式对课例研究进行了界定,她认为,课例研究是一个改进教学的环路,在其中,教师合作制定学生学习与长期发展的目标,为实现目标设计研究课,一位教师上课,其他教师观课,收集学生学习与发展的信息,教师共同研讨收集的信息来改进教学。如果需要,则再上研究课,继续研讨和改进教学。对课例研究内涵的界定方式大致分为两类,一类是活动过程论,另一类是功能目的论。活动过程论认为,课例研究是一个团队的教师共同协作去计划、教授、观察和改进一个特殊课例的过程;课例研究是教师共同合作、执行、观察和讨论课堂设计的专业发展过程。功能目的论则强调课例研究是一种教师专业教育的创新模式,参与课例研究的教师经过计划、观察和修正等环节,集中精力对教学进行改进,并形成一种循环不断的过程;课例研究是教师建立的常规的分享资源和想法的实践社区。[①] 从对课例研究的基本属性进行抽象和概括的角度出发,课例研究是教师组成团队,以课为载体,采用系统的研究方法而开展的,旨在促进教师专业发展的教学研究活动。因为课例研究以教师团队为主体、以促进教师专业发展为宗旨,所以它属于教师同伴互助范畴,是教师同伴互助的重要形式。

从本质上说,课例研究是有关课堂教学的行动研究,是20世纪在中小学教育领域备受关注的行动研究在当代的具体化和新发展。一方面,从研究过程角度说,课例研究是有关课堂教学的行动研究。关于行动研究的过程,凯米斯的观点最具有代表性,他认为,行动研究的过程包含以下四个步骤,即计划——行动——观察——反思,

---

① 祝成林,张宝臣.教师专业发展:基于课例研究的视角[J].教育导刊,2010(1).

而且该过程具有循环性。① 前文指出，课例研究的过程是一个团队的教师共同协作去计划、教授、观察和改进一个特殊课例的过程，不仅如此，课例研究过程几乎都不是一次完成的，都需要对该过程进行多次改进。比较可知，从研究过程角度说，课例研究和行动研究具有一致性。另一方面，从特征角度说，课例研究是有关课堂教学的行动研究。行动研究的典型特征有四个，即参与、改进、系统和公开。② 其中，参与主要指的是合作，它强调参与行动研究的教师由个人化的、孤岛式的研究走向群体合作性研究。改进不仅指改进实践质量，而且指改进教师的行为和观念。系统主要指教师在行动研究过程中讲究研究方法。公开主要是指教师将行动研究结果公之于众，从而能够接受他人的检验，并为他人提供借鉴。而课例研究除了表现形式多样这一特征之外，它也具有合作性、改进性，不仅如此，它还讲究研究方法，需要撰写并公开课例研究报告。因此，从特征角度说，课例研究和行动研究也具有相当的一致性，课例研究是教师合作开展的一种特殊的行动研究。

教师成为研究者是当今世界基础教育领域的基本理念，而行动研究又被认为是最适合教师的恰当研究形式，因此，小学教师积极开展课例研究也是践行教师成为研究者理念的根本体现。由于教师成为研究者与教师专业发展基本上属于同义概念，因此，在当代，小学教师开展课例研究是促进其专业发展的根本途径之一。

在日本，课例研究被绝大多数中小学校采用。日本中小学有许多不同类型的教师专业发展项目，其中，基于校本教师培训的课例研究是最引人注目并卓有成效的一项，近年来更是成为日本校本教师培训的基本途径。美国学者刘易斯、斯迪格勒、希伯特认为，日本的课例研究是日本教师专业发展的核心方式。

根据课例研究的内涵，笔者认为，课例研究促进教师专业发展的内在机制主要有以下三个方面。首先，教师通过课例研究丰富和完善了实践知识。刘易斯指出，通过课例研究，教师从课堂的实施和工作的具体经验中学习，而不是简单地运用现成的原理与技术来实现教学改进。③ 在课例研究中，教师学习到的是实践知识，而实践知识是教师专业发展的知识基础，它直接支配教师的教学行为。其次，教师通过课例研究获得更为正确的知识。课例研究特别注重教师合作开展课堂教学研究。根据社会建构主义学习理论，在课例研究中，单个教师通过与其他教师的交流、对话、磋商、讨论，就可以克服自身知识经验的局限，克服自身视域的局限，从而实现视域融合，获得更加接近真理、对教学实践更具有指导意义的知识。最后，教师通过课例研究增强了学科教学知识。舒尔曼把教师知识结构分为学科知识、一般教学法知识、课程知识、学科教学知识、学生及其学习特点的知识、教育情境知识以及教育目的及价值的知识，他认为，其中最主要的知识是学科教学知识，它是教师知识范畴中使教学最有效的知

---

① [英]戴维·霍普金斯. 教师课堂研究指南[M]. 杨晓琼，译. 上海：华东师范大学出版社，2009：40-41.
② 刘良华. 重申"行动研究"[J]. 比较教育研究，2005(5).
③ 赵昌木. 教师专业发展[M]. 济南：山东人民出版社，2011：154.

识。我国学者王荣生明确指出,课例研究之所以有效,之所以可贵,就是因为它能够激活、提炼、改善、发展教师的学科教学知识。[①] 显然,教师在课例研究中所获得的恰恰是与具体学科内容紧密结合的学科教学知识。

我国的研究课、磨课、公开课、观摩课等教学研究活动虽然在组织形式、研究内容等方面与日本的课例研究有诸多相似之处,但是,我国这些教学研究活动的效果一直不理想,更没有产生国际性的影响。笔者认为,这与其在操作方面不够规范、在理论构建方面不够严谨有直接关系,因此,我们非常需要深入了解课例研究的具体操作过程。

三、课例研究的操作过程

(一)确定研究课的目标

研究课的目标即研究课的主题。在这一步中,最为重要的是关注学生,形成研究目标。教师在一起思考以下问题:你希望在未来若干年里,你的学生具备什么素质?你的学生现在已经具备哪些素质?把理想与现实进行比较,哪些差距是你最想着手消除的?教师在思考这些问题的基础上,形成所要培养的学生素质,然后依此形成研究目标。

课例研究一般同时关注四个水平的目标:

水平1:一节课的具体目标。

水平2:一个单元的具体目标。

水平3:宽泛的学科目标。

水平4:学生发展的长期目标。

形成课例研究目标需要经历以下四步:

步骤1:确定基本目标。如学生将成为独立解决问题的人。

步骤2:确定具体内容目标。如计算三角形的面积。

步骤3:将基本目标与具体内容目标联系起来。如学生独立发现怎样计算三角形的面积。

步骤4:关注具体的学科内容领域。

(二)合作设计研究课

每位教师认真参与,合作交流以往的教学经验、对学生的观察、采用的教材等内容,最终形成一份经过讨论、并且每位教师上课都要使用的教案。

研究课的设计不同于日常课的设计,它具有浓厚的研究意味。一般而言,教师用以下六个问题指导研究课的设计。

(1)对于本课主题,学生已经理解了什么?

[①] 王荣生,高晶."课例研究":本土经验及多种形态(上)[J].教育发展研究,2012(8).

（2）本课结束时，我们希望学生理解什么？

（3）推动学生从（1）到（2），要设计什么样的经验序列？

（4）我们期望学生有什么样的思维状态？我们如何利用它们使学生当前的理解状态达到我们期望的结果？

（5）如何使课堂教学激发学生的兴趣，对学生产生意义？

（6）在课堂上收集什么样的证据能够帮助我们反思教师的学习目标和学生的发展目标？谁对每种需要收集的信息负责？

教师合作设计的教案非常详细，它一般由三部分组成，第一部分是前言，主要涉及上课时间、地点与授课内容，还包括学生当前的知识水平、能力、兴趣等背景材料。第二部分是本教学单元背景介绍，重点介绍本节课所属教学单元的内容与授课计划。第三部分也是最重要、最详细的部分，是对本次课的课堂教学步骤的细致安排。

（三）实施研究课

在参与课例研究的教师团队中，一位教师授课，其他教师参与听课，听课教师根据教案，考察教学过程。听课教师不能干预课堂教学过程，在授课教师讲课时，听课教师只能坐在教室后面或两侧。当学生在小组中进行学习时，听课教师可以在教室内走动，环视学生的活动，其目的是更好地倾听学生的交流，观察他们的行为。听课教师需要根据教案做听课笔记。教学过程往往还被录像，供后续分析讨论使用。听课教师侧重观察学生，包括他们的学习动机、学习行为，思维状态与水平。

（四）讨论研究课

根据研究课的实际课堂教学效果，教师在一起研讨课例。在讨论会上，先由授课教师发言，表达自己授课的体会，接着，参与教师相互交流听课体会，在此基础上，教师进行集体反思，提出改进建议，对原来的教案进行修订。然后，由小组中的另一位教师依据修订过的教案再上研究课，其他同事继续听课。最后，小组成员再聚到一起围绕对第二次研究课的观察继续进行交流研讨。一般来说，几乎所有的课例研究都会围绕同一主题进行多轮设计、执教和研讨。这体现了课例研究作为一种行动研究所具有的循环性特点。

（五）总结、分享

多数课例研究小组都会通过撰写报告来讲述自己的工作。通常，这些报告会以书面形式出版，由学校资料室收藏，以便教师、校长阅读。如果很有吸引力的话，这些报告还可能被地方教育管理者读到。大学教授参与的课例研究，其研究报告可能以商业出版物的形式出版。此外，课例研究的分享形式还包括邀请其他学校的教师前来观课。①

---

① 李子建，丁道勇. 课例研究及其对我国校本教研的启发[J]. 全球教育展望，2009（4）.

四、课例研究报告的构成要素

撰写研究报告是课例研究走向严谨和规范的重要标志。斯滕豪斯认为,是否将研究过程与结果公开发表是任何一种研究活动获得研究资格的前提条件。他指出:"私下地研究在我们看来简直称不上研究。部分原因在于未公开发表的研究得不到公众批评的滋养,部分原因在于我们将研究视为一种共同体活动,而未发表的研究对他人几乎没有用处。"① 一般来说,课例研究报告包括以下四个构成要素。②

(一) 主题与背景

主题与背景是课例的第一要素。因为课堂教学是复杂的,通常的听课评课往往对一节课从各个角度提出各种改进意见。课例研究并不追求通过一节课试图解决很多个问题,而是追求通过一个课例认识一个小的研究问题——这就是研究的主题,"小"才有可能"深"。研究的主题最好从课例的题目就能看出,或者开门见山地交代,这样别人可以直接地知道这个课例探讨什么方面的问题,而不要读了洋洋洒洒几千字还不知这个课例想解决什么问题。

关于主题从哪里来、为何选择这个主题研究,这就需要交代该课例产生的背景。例如,在背景中可以交代主题是来自教学中常见的困惑,或来自课改核心理念的践行等。背景的交代可以使读者感受到课例研究的价值或意义。

(二) 情境与描述

课例的载体是课堂教学,因此课堂情境的描述是必不可少的,但这不等同于把大篇的课堂实录直接摆进课例研究报告里。课例的描述不能杜撰,它来源于真实的课堂教学及其改进教学的研究过程,但对其情节可以进行适当的调整与改编,因为只有这样才能紧紧环绕主题并凸显讨论的焦点问题。课堂情境的选择要环绕课例研究的主题,有时为了凸显与研究主题密切相关的问题,甚至对片段中的语言也可做适当剪裁(如用省略号略去一些无关的话语等)。除了使用第一手的直接的实录描述,也可以用作者讲述的方法对实录片段进行第二手的描写,包括作者本人当时的想法、感觉等都可以写入课例。围绕主题的情境描述要追求准确、精简、引人入胜。

(三) 问题与讨论

课例反映的是教学改进的过程,因此在课例描述中必然包含着提出的问题,以及由问题引发的讨论。因为课例反映的是教学研究"背后"的故事,交代产生这个课例的过程中的问题线索,使读者知道研究教学进展过程的来龙去脉,否则读者只是感觉到描述了一节"好课",却不知产生这个"好课"的过程是怎样的。对读者来说,把研究授课的问题及其讨论梳理出来、展现过程,更具启发价值。课例描述中提出的问题有

---

① 刘良华. 重申"行动研究"[J]. 比较教育研究, 2005(5).
② 杨玉东. 教师如何做课例研究[J]. 教育发展研究, 2008(8).

的可能在后续讨论中解决了,有的没有解决,但都可以呈现出来。作者甚至可以提出一些开放性的问题或两难问题,从而留下以后可以继续研究和讨论的空间。

(四)诠释与研究

对课例本身加以解读,赋予它更高一层的普遍意义,就需要对课例做出诠释、增加一些研究的成分,这是课例的另一要素。不过这种诠释应该是归纳型的,内容紧扣在描述的课堂教学和讨论过程之上,不宜夸大和跳得太高,否则极易沦为空谈,使得课例研究报告前面是具体的课堂教学实例,后面是一般理论的泛泛而谈。对课例的诠释实际上就是交代对于课例研究中不同阶段出现的问题是如何理解和处理的,包括课堂教学为何如此改进的原因等,也就是要讲出课堂教学"好"在哪里、"不好"在哪里的理由,使读者明白其"背后的故事"。诠释可以选择多个角度解读,尽可能回归教学的基本层面,而不要脱离课堂教学。对课例的"研究",主要是通过一节课的改进和研究过程,究竟获得了哪些理性的认识或者初步结论,需要进行一些概括和提炼。这些"研究成分"使得课例不仅仅是对研究一节课的描述,而且对教师在以后课堂教学中改进该类课有所启发。

案例:

《济南的冬天》课例研究报告[①]

淡晓霞 孙秋侠

一、课例研究的背景及目标

1. 背景

高效课堂是以最小的教学和学习投入获得最大学习效益的课堂,基本特征是"自主建构,互动激发,高效生成,愉悦共享"。衡量课堂高效的标准,一看学生知识掌握、能力增长和情感、态度、价值观的变化程度;二看教学效果是通过怎样的投入而获得的,是否实现了少教多学;三看师生是否经历了一段双向激发的愉悦交往过程。

在新课改的背景下,全力实施素质教育,课时大幅度减少,但是内容并没有减少。那么,我们该怎么做,才能在有限的时间里,完成既定的教学任务呢?提高课堂教学效率就显得非常重要了,全国各地就如何实施高效课堂展开了轰轰烈烈的讨论与研究。我们课题组尝试以导学案为载体,优化课堂结构,研究适合我校的高效课堂教学模式。

---

① 淡晓霞,孙秋侠.《济南的冬天》课例研究报告[EB/OL]. http://www.docin.com/p - 1532695988.html.

通过前期的研究,我们已经形成了导学案的编制模式,完成了导学案的编写,初步确立了适合我校的"精学、精讲、精练"的教学模式,课题组成员在自己的课堂上进行了大胆的尝试和实践,积累了一定的经验。为了将这种模式最终确立并进行推广,我们课题组决定以典型课例的形式展示我们的研究成果。

2. 目标

研究如何使用导学案达到课堂高效,并形成以导学案为载体的教学模式。

二、课例研究的模式

1. 一课多上

我们课题组成员采用一课多上的形式展开研究,先由一位教师上"独立课",小组成员听课观课,课后集体会诊,提出修改意见进行反思完善,再由这位教师实施,形成典型课例。

2. 互助式观课

课题组其他成员进行观课指导。互助式观课是一种横向的同事互助指导活动。我们采取如下步骤:① 课题组成员在课前共同商定好课堂观察的主题和重点;② 观课者做好课堂观察和记录,记录下课堂里发生的真实情况以及自己的思考;③ 开展课后的讨论,讨论要针对主题和要点,问题一定要具体;④ 后续行动,授课教师要把改进措施实施到后续课堂教学活动中。

三、研究过程

课例研究通常是关于一节课的研究,主要是针对这节课中出现的有针对性的、共性的问题进行研究,是一种以教师为主导的教学循环。我们研究过程如下:

1. 小组会谈:研究与准备

课题组成员共同为《济南的冬天》这节"研究课"做出详细的计划,完成说课稿、教学设计及导学案。

2. 研究课一:实施

由郭颖老师讲授这节"研究课",其他教师进行观课活动,分别从学生学习、教师教学、课程性质及课堂文化四个维度进行观察评价,观察时有具体的要求和细则,以保证评价的客观性。

3. 小组会谈:反思与改进

教师团体聚集一起讨论"听课情形"。授课教师先谈谈自己课堂的得与失,各位教师就自己的观察提出修改意见,大家共同进一步完善各个环节。

4. 研究课二:第二次实施

继续由郭颖老师在另外的课堂讲授"研究课",其他教师进行观课活动。

5. 小组会谈:反馈与存档

课题组成员进行集体评课,撰写课例研究报告,整理资料,最终确立以导学案为载体的教学模式。

6. 录制视频

按照已经确立的导学案为载体的教学模式由郭颖老师授课,袁磊老师录制视频,并进行剪辑整理,形成典型案例视频。

四、课例研究的结果

1. 进一步确立了我校导学案的编制模式及使用模式

通过本次典型课例研究,我们课题组确立我校的"导学案"编制模式。我们的导学案分为以下几部分:学习目标及重难点、自主预习·发现质疑、合作探究·交流展示、达标检测·巩固拓展、知识链接五部分。主体部分在[自主预习·发现质疑]、[合作探究·交流展示]、[达标检测·巩固拓展]这三个板块。[自主预习·发现质疑]内容包括:基础知识落实、课文写作背景、课文内容自主阅读理解。问题主要是一些比较简单的问题,答案基本上在课文中能够找到,通过学生对课文的阅读,能够帮助学生整体把握课文内容。[合作探究·交流展示]要求设计与课文有关的一些比较难一点的核心问题。要注重知其然和知其所以然。这类问题一定要让学生有话可说。导学问题的设置和学习过程的安排要符合学生的认知水平和实际,由易到难、由简到繁,呈阶梯式推进,把握重难点。[达标检测·巩固拓展]要求题型设计要灵活多样,量要适中,不能太多,以5分钟左右的题量为宜。要由课内拓展到课外,培养学生知识的迁移能力,开阔学生的视野。这三个板块编写特别要附上学法指导,这体现了我们导学案编写的特色,也是结合我校学生实际情况要求的。教师不是只提问题,更要教给学生解决问题的方法。

我们导学案的使用放在课前,由学生在上课以前预习完成。因为课堂时间有限,课时学习任务重,加上学生能力参差不齐,只能放在课前,这样做也培养了学生提前预习的良好习惯。我们提前一周发放导学案学习内容,学生可以根据自己时间灵活安排预习时间。课堂上先针对[自主预习·发现质疑]部分检查学生预习情况,接着师生重点解决第二部分[合作探究·交流展示]中学生疑难点问题,这样可集中学生学习的高度注意力和兴趣。最后以[达标检测·巩固拓展]的内容检测学生本节课学习掌握情况,并适当拓展,进一步培养学生的知识迁移能力。课后及时收交导学案,检查学生课堂学习情况,及时反馈,发现问题并及时解决问题。

2. 形成导学案为载体的"三精"教学模式

在导学案的编写和课堂使用中,我们逐渐确立了以导学案为载体的"精学、精讲、精练"的教学模式,我们将《济南冬天》这节课的课堂教学分为三部分:

"精学":这是根据导学方案的第一部分[自主预习·发现质疑]的内容指导学生学习。编写实施时,对于这部分设计,注重在作者情况、字词音义等基础知识和整体把握文章方面的问题,我们设计了五个问题,这些问题学生完全可以通过自主预习独立完成,充分调动学生学习的积极性和主动性。若问题太难则会挫伤学生学习的信心。

"精讲"：这是根据导学方案的第二部分[合作探究·交流展示]的内容指导学生学习。这是导学案的核心部分。导学案的问题要求有层次，有逻辑，有内在的关联，解决前一个问题的同时又是为解决下一个问题做准备，问题之间能体现本节课的知识结构与逻辑层次。这部分的导学问题设计主要是根据本节课的核心内容和知识主线设计3~5个有思维价值的问题或习题，引导学生小组合作探究，集思广益，解决文章中的重难点问题，保证学生完成学习任务的60%。在《济南的冬天》本节课的这部分，我们设计了六个导学问题，分别从景物特点、品析鉴赏和写作特色几方面设计。因为这部分问题较有难度，教师需要适当地引导点拨，给学生一些解决问题的思维方法，适时进行学法指导，指点迷津，让学生有明确的思考方向，迅速解决问题。但教师的讲解不可过多，不能代替学生思考，一定给学生独立思考的机会，给他们展示的机会，相信学生的能力。课堂上精讲要把握好两个原则：三讲，三不讲。学生自己能做的不讲、学生通过合作交流能懂的不讲、我们讲了学生也不懂的不讲。讲什么呢？讲学生的难处、惑处。精讲可以改变过去那种填鸭式的教师一讲到底的教学方式，把时间还给学生，变被动接受为自主吸收。在"精讲"环节，学生完成学习任务的90%。

"精练"：这是根据导学方案的第三部分[达标检测·巩固拓展]的内容指导学生学习。精练是指教师根据本节课教学的目标，精选少而精的、有层次性的习题，指导学生积极、主动地开展训练活动。题型灵活多样，量要适中，不能太多，以5分钟左右的题量为宜。巩固提高学生对课文的理解，并且通过与课文有关或有密切关系的美文来扩大学生的阅读量，也可通过小练笔训练学生的写作能力。在《济南的冬天》本节课的这个环节，我们设计了两个习题，通过填空，检查学生对课文内容的理解；通过仿写训练，培养学生运用拟人手法融情入境的描绘，写出景物的情致。精练的目的是减轻学生的课后负担，让练习变得有目的、有重点、有层次。适量的练习是对知识的理解，技能的掌握，可以提高学生学习的自信心。

3. 导学案的使用实现了高效课堂的目的

学案导学实质是以学案为载体、导学为手段的一种教学模式。它以学生为主体，倡导学生自主学习，自主探索，自我发现，自我解决，是学生学会学习、学会合作、学会发展的有效途径。最终目的是进一步转变教师的教学观念和教学方式，转变学生学习方式，优化课堂模式达到课堂高效。"精学、精讲、精练"的教学模式，体现了"删繁就简，复杂问题简单化，重点问题深入化"的设计理念。这种教学模式唤起学生的主体意识，调动学生的积极性。通过探究，学生可以弄清事物规律的来龙去脉，对疑难问题有所分辨，在知识上有所收获，在思维上有所启迪，在合作交流上有所提高。探究的方式多种多样，有分小组探究、个人探究、小组之间交流与合作等。不管哪种方式都充分体现了学生的主体地位。

以导学案为载体的"精学、精讲、精练"的教学模式，面向全体学生，使每一个学生都有进步，有所发展，注重以小组为单位进行协作学习，小组内营造好帮差、后进生互助、优等生互进的氛围，教师有针对性地对小组进行指导和帮助，这就使教师能够关注到全体学生，实现每一个学生的进步。学生通过自主、合作、探究、交流、展示、反馈等学习活动真正成为学习的主人。

以导学案为载体的"精学、精讲、精练"的教学模式采用了小组协作学习方式，锻炼了学生自主学习、团结协作、展示自我等各方面的能力和素质，着眼于发展学生的学习能力、实践能力、创新能力，教会学生不仅学会知识技能，而且学会做事做人，这些能力将为学生的终身发展奠定基础。

捷克著名的教育家夸美纽斯说过这样一句话："找出一种教育方法，使教师因此可以少教，但是学生可以多学。"通过学案导学"精学、精讲、精练"的教学模式，实现了"以学生为中心"的主体参与、自主学习，变被动学习为主动学习。实现了两个前置，即学习前置和问题前置，使学生能够在导学案的引导之下，通过课前自学、课堂提高、拓展延伸等环节的调控，提高学习效率。而教师则借助学案导学"精学、精讲、精练"的教学模式，能够将教材有机整合，精心设计，合理调控课堂教学中的"教"与"学"，从而极大地提高了课堂教学效率，实现了高效课堂。

五、日本课例研究的特征

与我国的听评课教研活动相比较，日本的课例研究具有突出的特征，深入认识这些特征，对于改造我国的听评课活动，继而探索适合我国国情的课例研究模式将具有重要借鉴意义。概括来说，日本课例研究主要有以下五方面的特征。[①]

（一）以合作的方式设计研究课

课例研究特别强调教师之间的密切合作，合作贯穿课例研究的始终。日本研究课的教学目标始于教师研究小组共同确定的问题，讲求设计性。设计要求能针对问题，提出假设，构想出解决问题的方案。课例研究把日常的教学活动提高到了教学设计的高度，使备课与研究有机融为一体。为了达成教学目标，教师必须倾力合作，在制定计划、上课、观课、修正、再次上课等系列活动中，教师间的合作扮演着不可或缺的角色。

（二）注重课堂现场观察

课堂现场观察是提高教师专业水平和改进课堂教学效果的有效方法。日本教师的研究课在"观课"这一环节有自己的特色。教师需置身于教学现场，收集真实的教学信息，如学生参与的事件、毅力、情绪反应，小组讨论的形式、特点、任务完成的情

---

① 杨帆，夏惠贤.日本课例研究的特征及对教师专业发展的影响[J].外国中小学教育，2008(12).

况、兴趣程度等。前来观察研究课的教师可以是学校内的教师，也可以是包括校外专业人士的研究小组。参加观课的教师会拿到一个资料包，里面装有课例计划、教学单元计划和教师从事课例研究的背景材料。在随后的小组讨论中，观课教师认真听取上课教师对课例得失的自评，同时也对上课教师的课例进行提问，交换看法。

（三）全景记录课堂面貌

研究课力图全景式地记录课堂的面貌，从而为下一步的课例研讨奠定良好的基础。在听课过程中，教师需要多方收集信息，教师可以用各种方式记录课例，包括录像、录音、课堂观察笔记、复制学生作业，等等。对于教师所做的课例计划等特定资料的收集，通常由本校教师来完成。

（四）研究课需要讨论

课后要举行讨论会。通常，授课教师先发言，解释其期望达到的课的目标，以及课上得好和不好的地方。这样做的目的是使教师对研究课进行自我反思。下一步，合作研究者要解释为什么课要如此设计，以及这一课例如何拓展学校的研究主题。这些铺垫过后，课例本身就要被讨论了。讨论的最大特色在于不同教学观点的碰撞。日本教师认为，只有让不同教学观点碰撞，才能有效促进教师思想的进步与发展。

（五）有宏观而长远的教育目标

从事课例研究的教师通常要确定一个研究主题或焦点，而研究主题或焦点往往是一个宏观的目标或教育愿景，超越了具体的学科。譬如，学校研究主题是："做一个主动的学习者"、"成为活跃的问题解决者"、"发展个性"等。所有的研究主题或焦点都以当前日本教育争论的热点为中心。比如在有关"杠杆"教学内容的研究课当中，为了促进个性化的思考，教师让每个学生都设计用杠杆举起沙袋的方案，教师认为用"你能举起100千克的沙袋吗？"这一富有挑战性的问题来激发学生的学习动机，是鼓励学生发展个性思维的最理想的方法。

与日本课例研究相比较，我国小学教师听评课教研活动在以下方面还做得不够：① 授课教师与听课教师缺少对课的共同设计；② 听课教师在听课时缺少严谨的工具，过于随意；③ 授课教师与听课教师在课后缺少深入讨论；④ 听评课活动局限于一次，缺少后续行为的跟进；⑤ 对听评课教研活动缺少知识积累。上述不足导致的直接后果是我国小学教师的听评课活动重数量、轻质量，继而导致形式主义问题，难以有效促进小学教师专业发展。

第四节 小学教师同伴互助的保障条件

虽然小学教师同伴互助对于其专业发展具有重要意义,然而,与自我反思策略相比较,小学教师同伴互助策略的实施难度更大。我国小学教师虽然有通过教研组来组织集体备课、相互听评课等同伴互助的传统,然而,这些同伴互助活动具有更强的"人为性"、"强制性",效果不佳。

从世界范围来说,包括小学教师在内的中小学教师在同伴互助方面都存在较多问题,而这似乎与中小学教师职业的特殊性有某种内在关系。早在1932年,美国学者沃勒尔在其著作《教学社会学》中就指出,在学校孤立主义的文化模式下和垂直控制的管理模式下,生活在其中的教师不仅与社区生活是隔绝的,而且与同事也是隔绝的,甚至是相互敌对的。其原因主要有三个:一是利益竞争;二是职业习惯(如礼仪式的相互尊敬、谨小慎微、关心个人尊严等);三是追求自我心理安全。20世纪70年代,美国学者劳蒂在《中小学教师:社会学之研究》一书中指出,教师的工作方式具有现实主义、保守主义和个人主义等特征,其中,个人主义表现为"教师羞于同事合作和不乐于接受同事的批评,教师之间并没有合作共事的要求与习惯"[①]。20世纪90年代,加拿大学者哈格瑞沃斯认为在学校中存在四种教师文化:一是个人主义文化。在这种文化中,教师之间相互隔离,教师的主要精力用于处理自己课堂里的事务,教师之间缺少联系。二是分化的文化。在这种文化中,教师之间有了联系,但是,这种联系是一种消极的联系,教师相互分立,相互对立,为争取权力和资源相互竞争。三是合作的文化。在这种文化中,教师之间有积极而密切的联系,教师之间相互开放、相互信任,相互支持。四是硬造的合作。在这种文化中,教师被要求围绕行政人员的意图与兴趣进行"合作"。因此,教师的这种合作是一种虚假合作,是一种形式主义的合作。哈格瑞沃斯认为,在这四种文化中,个人主义文化和分化的文化仍然是学校里最常见的教师文化;合作的文化对于教师专业发展来说是一种最理想的教师文化,尤其是教师合作进行校本课程开发时,更有利于教师专业发展。在教师的四种文化中,最需要警惕的是"硬造的合作"文化。该文化很容易打着"合作"的口号,损害教师之间的真正合作。[②] 从以上阐述可以看出,小学教师同伴互助的有效实施必须要有切实的保障条件。由于小学教师是同伴互助的主体,而学校是小学教师同伴互助的制度性场域,因此,本书着重从这两个层面来探讨小学教师同伴互助的保障条件。

---

① 朱旭东.教师专业发展理论研究[M].北京:北京师范大学出版社,2011:207-208.
② 教育部师范教育司.教师专业化的理论与实践[M].北京:人民教育出版社,2003:30-31.

一、小学教师层面的保障条件

(一) 树立同伴互助观念

观念是行动的先导。小学教师只有树立同伴互助观念,才能够真正采取同伴互助行为,否则,所谓的同伴互助就是一种假合作,就是一种低效的形式主义合作。关于观念的重要性,美国学者英格尔斯在《人的现代化》一书中指出:"一个国家可以从国外引进作为现代化最显著标志的科学技术,移植先进的国家卓有成效的工业管理方法、政府机构形式、教育制度以至全部课程内容。如果一个国家的人民缺乏一种能赋予这些制度以真实生命力的广泛的现代心理基础,如果执行和运用着这些现代制度的人,自身还没有从心理、思想、态度和行为方式上都经历一个向现代化的转变,失败和畸形发展的悲剧结局是不可避免的。再完美的现代制度和管理方法,再先进的技术工艺,也会在一群传统人的手中变成废纸一堆。"① 为了树立同伴互助观念,小学教师需要在以下方面做出努力:

其一,小学教师需要改变小农经济时代的自给自足观念。自给自足观念推崇个人奋斗,倡导单打独斗,万事不求人。然而,在社会分工高度发达的今天,每个人都从事着非常精细的工作,都不得不随时随地地与其他人进行劳动交换。因此,只有同伴互助,现代人才能更好地生存和发展。事实上,从进化论角度说,同伴互助的动物能够更好地保护自己,而单独行动往往就意味着死亡。动物的天敌最先捕杀的往往是独立行动的猎物,即使猎物不单独行动,动物的天敌往往也会想方设法把其中的一个猎物从群体中隔离开来。

其二,小学教师需要强化社会资本观念。20世纪70年代以来,经济学、社会学、政治学以及行为组织理论等多个学科都不约而同地开始关注一个概念,即社会资本。从微观角度说,所谓社会资本,一般是指个人在组织结构中,利用自己特殊位置而获取利益的能力,它主要表现为个人的亲戚、朋友、同学、同乡等社会关系网络,及其在社会网络中所拥有的声誉、人缘、口碑等等。一个人能从这些关系中获取的利益越高,那就表示他的社会资本越多。社会资本是与物质资本、人力资本相对应的概念。在社会资本理论看来,个人的成功不仅受其所拥有的物质资本和人力资本影响,而且受其所拥有的社会关系影响。劳动就业是社会资本理论应用较早的一个研究领域。人们对社会关系网络在个人求职中的作用的研究结果表明,即使在欧美等劳动力市场制度比较完善的国家里,人们在就业和求职过程中还是会更多依靠自己的社会网络关系,求职者可通过自己的社会关系网络来获得信息与帮助,从而更容易找到理想的工作。② 同事是个人的重要社会资本之一,根据社会资本理论,小学教师应该重视

---

① [美]阿历克斯·英格尔斯. 人的现代化[M]. 殷陆君,编译. 成都:四川人民出版社,1985:4.
② 佚名. 社会资本理论[EB/OL]. http://wiki.mbalib.com/wiki/%E7%A4%BE%E4%BC%9A%E8%B5%84%E6%9C%AC%E7%90%86%E8%AE%BA.

与同事建立起良好的人际关系,重视同伴互助在个人专业发展中的价值。

其三,小学教师需要树立合作共赢观念。根据古典经济学家亚当·斯密的理论,在市场经济活动中,每个人都是从利己的目的出发的,为了使个人利益最大化而进行竞争是合理的。然而,由于创立非合作博弈均衡理论而获得1994年诺贝尔经济学奖的纳什认为,在非合作博弈状况下,每个人的理性选择,并不能获得个人所希望的最好结果;在非合作博弈状况下,每个人的理性并不能导致集体理性;在互动过程中,与他人合作,不仅利人,而且利己。根据非合作博弈均衡理论,小学教师同伴互助要比相互竞争更有利于各自的专业发展,小学教师同伴互助的结果不是零和博弈,而是共生共赢。

(二)培养同伴互助能力

同伴互助观念强调的是小学教师是否愿意同伴互助,而同伴互助能力则强调的是小学教师是否善于同伴互助。仅仅具有同伴互助观念而不具备相应的能力,小学教师也会好心办错事,难以有效开展同伴互助。

为了培养同伴互助能力,小学教师需要在以下三个方面做出努力:

其一,小学教师要善于求助他人。在遇到困难时,小学教师不仅要信任他人,能够积极主动地寻求他人的帮助,而且要善于寻求他人的帮助。小学教师要正确地认识自己,不仅有自知之明,而且保持充分的自信。同时,小学教师还应该善于了解他人,在寻求具体的帮助时,能够选择恰当的时间、恰当的地点和恰当的同伴。

其二,小学教师要善于帮助他人。在同伴互助过程中,小学教师不仅要热心帮助别人,不求回报地帮助别人,尽自己所能地帮助别人,而且要善于帮助别人,要让别人在自己的帮助过程中体验到尊严。譬如,在听评课过程中,小学教师在指出别人的教学不足之前,要先充分地肯定其优点;而在提出建议时,小学教师要多用现身说法,避免居高临下地指手画脚。

其三,小学教师要善于包容他人。《大戴礼记·子张问入官》写道:"水至清则无鱼,人至察则无徒。"意思是水太清了,鱼就无法生存;要求别人太严了,就没有伙伴。小学教师为了与同事建立良好的伙伴关系,就必须要包容别人。每个人都有自己不同于他人的个性。小学教师在与同事相处时,必须要包容他人的个性,尊重他人的个性。人无完人,金无足赤。小学教师也必须能够包容同事的不足,经常换位思考,设身处地地为他人着想。

二、学校层面的保障条件

曾主持斯坦福监狱实验的美国社会心理学家津巴多指出,斯坦福监狱实验传递的信息是:环境对人的行为的影响力比大多数人想象的要强大得多,他说,"像我们这样的社会心理学家一直在努力纠正大多数人的观点:恶只不过是个别人的特质——藏在他们的基因里、大脑中或者本质中。"津巴多承认世界上有好苹果(即善人),也有坏苹果(即恶人),但是,他认为,世界上绝大多数的恶并不是少数坏苹果犯下的,相反,而是普通人在特定环境下做出的极端行径。① 对于小学教师来说,学校是其最重要的职业场所,因此,学校层面的保障条件对于小学教师同伴互助的顺利开展同样具有非常重要的影响。为此,学校管理者应该在以下两个方面做出努力。

(一) 深刻认识同伴互助对于学校发展的重大意义

1931年,清华大学前校长梅贻琦在就职演说中指出:"一个大学之所以为大学,全在于有没有好教授。孟子说:所谓故国者,非谓有乔木之谓也,有世臣之谓也。我现在可以仿照说:所谓大学者,非谓有大楼之谓也,有大师之谓也。"在人力资本理论指导下,当前,学校管理者对于教师个人素质在学校发展中的作用认识得比较充分,然而,对于教师同伴互助在学校发展中的意义往往认识不足。因此,要切实推进小学教师同伴互助,学校管理者必须深刻认识同伴互助对于学校发展的重大意义。

笔者认为,以下三方面的研究成果有助于学校管理者增强这方面的认识:

其一,从学习型组织理论看同伴互助对于学校发展的重大意义。前文已经指出,学习型组织理论创立者彼得·圣吉认为,世界著名大企业的重要特点之一就是其组织是一个学习型组织。我国中央教育科学研究所前所长朱小蔓指出,那些充满生机、教育质量高的学校,同时都是一个个充满创新活力的学习型组织。而学习型组织的重要特质之一就是该组织不仅强调学习,而且强调团体学习。显然,学校中的团队学习是通过教师同伴互助过程实现的。

其二,从知识管理理论看同伴互助对于学校发展的重大意义。根据知识管理理论,在当代知识社会中,最基本的经济资源不再是资金、自然资源和劳动力,而是知识,因此,组织最重要的任务就是对知识进行管理,而知识管理的重要过程就是实现组织成员之间的知识共享和流动,从而提高组织的知识总量和集体智慧,增强组织的竞争力。对于学校来说,小学教师同伴互助则是学校管理者进行知识管理的必然要求,因此教师同伴互助能够使学校更具有竞争力,从而提高办学水平。

其三,从霍桑实验看同伴互助对于学校发展的重大意义。霍桑实验是心理学史上最著名的实验之一。该实验主要由哈佛大学心理学教授梅奥主持,实验地点是美国芝加哥西部电器公司所属的霍桑工厂。霍桑实验中的一个实验是在1927年4月至1929年6月期间进行的福利实验。实验目的是查明福利待遇的变换与生产效率的关系。然而,经过两年多的实验发现,不管福利待遇如何改变(包括工资支付办法的改变、优惠措施的增减、休息时间的增减等),都不影响产量的持续上升,甚至工人自己对生产效率提高的原因也说不清楚。后经进一步的研究发现,导致生产效率上升的主要原因有两个:一是参加实验的工人具有光荣感。实验开始时6名参加实验

---

① 佚名.斯坦福监狱实验[EB/OL]. http://wenku.baidu.com/link? url = 9K3nKGVEOxMKsEWb5i6 Zmx2oPB7NQ3byAdzrytou1EfP_ NzRLj14RnXdp - Gd49INx4Me0RCW5w7U8QC98twM5Bt - uexn0viegzuHI TkeGyO.

的女工被召进部长办公室谈话,她们认为这是莫大的荣誉,这说明被重视的自豪感对人的工作积极性有明显的促进作用。二是成员间良好的相互关系。作为被试团体,这种特殊的地位使得6名女工之间团结得特别紧密,形成了非正式群体,她们之间甚至形成了一种默契,都不愿意拖这个小群体的后腿。就这样,个人微妙的心理和团队精神促使着她们的产量不断上升。① 根据霍桑实验,从人性角度说,人不仅是经济人,而且是社会人;人不仅有物质需要,而且有精神需要。在学校中,小学教师通过同伴互助能够建立起良好的人际关系,而这能够满足小学教师的归属需要,进而调动小学教师的工作积极性,促进学校的发展。

(二)为教师同伴互助提供多方面的具体支持

首先,学校应为小学教师同伴互助提供时间与地点方面的支持。有学者指出,日本中小学将同一教研室教师的办公桌安排在一个单独的房间;日本学生的在校时间结束于下午三点,而教师的工作时间则在下午五点结束。学校的上述安排为教师合作开展活动(包括课例研究)提供了必要的时间和地点方面的保证。② 为了给教师提供更多同伴互助时间,当前我国小学亟须大幅度减少不必要的会议与检查,大幅度减少强加给教师的各种落后、低效的重复性劳动。

其次,学校要改变以教师个体为评价对象的评价制度,建立以合作小组、教学团队为评价对象的评价制度。在教师评价时,既要看到每位教师的工作绩效,更要看团队成员的协同效果,使评价的重心由鼓励个人竞争转向鼓励协同合作,从而实现团队整体的共同发展。

再次,学校应对教师合作成果给予充分而恰当的肯定。当前我国学校一方面大力鼓励教师同伴互助,鼓励教师合作申报各种项目,然而,在对合作项目进行评价时,学校往往仅仅重视主持者的贡献,而对参与者的贡献不予看重。学校的这种自相矛盾的教师管理制度使得教师同伴互助徒有其名。因此,在评价各种团队项目时,学校不仅要重视项目主持者的贡献,而且要高度认可参与者的贡献。即使参与者的实际参与不多,学校的这种肯定也是一种积极的制度导向和鼓励。

最后,学校应加强和改造教研组的功能。学校教研组是小学教师同伴互助的专业组织。由于小学教师同伴互助必须出于自愿,必须产生在合作者的主观选择基础之上,无法通过行政命令或强硬的管理措施来完成,因此,学校教研组需要弱化管理功能,强化服务作用,在组织小学教师同伴互助的过程中最大可能地尊重教师合作的自愿性。

---

① 佚名.霍桑实验[EB/OL]. http://www.baike.com/wiki/%E9%9C%8D%E6%A1%91%E5%AE%9E%E9%AA%8C.
② 安桂清.国际比较视野下的课例研究:背景、现状与启示[J].教师教育研究,2014(2).

思考问题

1. 同伴互助与自我反思的关系是什么？
2. 同伴互助对小学教师专业发展的重要意义是什么？
3. 日本课例研究与我国的听评课有何不同？
4. 何谓社会资本？
5. 小学教师同伴互助的保障条件是什么？

第六章
专业引领与小学教师专业发展

本章重点
➢ 小学教师专业引领的内涵
➢ 小学教师专业引领的主要方式

教师职业发展大体经过四个阶段,即非职业化阶段、职业化阶段、专门化阶段和专业化阶段。学术界一般认为,教师职业发展的专业化阶段正式开始于20世纪60年代,其标志是1966年国际劳工组织和联合国教科文组织联合颁布的《关于教师地位的建议》文件。该文件提出,教师工作应该被视为一种专业,它是一种要求教师具备经过严格而持续不断的研究才能获得并维持专门知识及专门技能的公共业务;它要求对所辖学生的教育和福利具有个人及共同的责任感。[①]小学教师要获得专门知识和专门技能离不开专业引领。在专业的众多特征中,学术界普遍认为,掌握和运用专门知识及专门技能是专业的最核心的特征,显然,小学教师要促进本职业的专业化进程,也需要专业引领。如果说自我反思主要是小学教师依靠自己的力量来促进自身专业发展,同伴互助主要是小学教师利用同事的力量来促进自身专业发展,那么,专业引领则是小学教师主要借助校外专家的力量来促进自身专业发展。与自我反思和同伴互助相比较,专业引领更具有专业性,因此,它是促进小学教师专业发展的非常重要的一种策略。

专业引领拓展阅读

---

① [日]筑波大学教育学研究会.现代教育学基础[M].钟启泉,译.上海:上海教育出版社,1986:443.

第一节 小学教师专业引领的内涵

在教师教育领域,专业引领有广义和狭义之分。狭义的专业引领专指有理论专长的人对一线教师在教学研究方面的引领。譬如,有研究者指出,所谓"专业引领,是指专家为教师开展教学研究提供必要的帮助和指导。这里所说的专家,既包括大学或研究机构的专业研究人员、各级教研室的教研员,也包括中小学教师中的骨干教师"[①]。从引领的领域角度说,狭义的专业引领主要存在于教师的研究活动中,其主要形式包括专家为教师开设科研讲座,专家为教师进行研究咨询,专家与教师合作开展研究等。广义的专业引领在引领领域上则不局限于教师的教学研究活动,而扩大到教师的全部职业活动,譬如,有研究者指出,专业引领"通常指的是具有教育研究专长的人员通过他们的先进理念、思想方法和先进经验引导和带领第一线教育工作者开展教育实践探索和研究,促进教师专业发展,促进学校内涵发展的活动形态"[②]。本书从广义角度使用专业引领概念,认为小学教师专业引领是指理论工作者对小学教师的专业实践及其专业发展提供理论指导的过程。具体来说,小学教师专业引领的内涵主要包括以下方面。

一、小学教师专业引领的内容主要是理论知识

小学教师专业引领的内容指的是专业引领者用什么来对小学教师进行专业引领。本书认为,"专业引领"中的"专业"是在狭义层面使用的,它指的专门知识及专门技术。由于专门技术是专门知识的运用,因此,小学教师专业引领的内容以专门知识为主。而系统的专门知识就是理论。学术界大多认为,专业的最核心的特征就是拥有专门知识及专门技术。我国香港学者曾荣光综合了韦伦斯基和古德的研究成果,提出了专业的七条核心特征和十条衍生特征,其中,属于专业知识范畴的核心特征是一套具有学术地位的理论系统;一套与理论系统相适应的专业技术;理论与技术的效能获得证实与认可;专业知识具有不可或缺的社会功能。[③] 因此,本书认为,小学教师专业引领的内容主要是理论知识,小学教师专业引领的实质是理论对实践的指导。

根据美国当代著名教育家舒尔曼的教师专业知识思想,从内容领域角度说,小学

---

① 教育部基础教育司,教育部师范教育司.校本教研与教师专业发展[M].北京:高等教育出版社,2004:64.
② 傅建明.教师专业发展——途径与方法[M].上海:华东师范大学出版社,2007:183.
③ 教育部师范教育司.教师专业化的理论与实践[M].北京:人民教育出版社,2003:34.

教师专业引领的理论知识包括七类:

(1) 学科知识,即小学教师所教学科的知识。

(2) 一般教学法知识,这种知识能够适用于各个具体学科的教学。

(3) 课程知识,即小学教师对课程标准、教科书等具体教学材料的理解和把握。

(4) 学科教学法知识,即小学教师有关如何教具体学科内容的知识。

(5) 关于学习者及其个性特点的知识,这些知识既包括学生年龄特征的知识,也包括对学生个别差异的认识。

(6) 关于教育背景的知识,它是指有关小组、班级、教室、年级、学校、家庭、社区等方面的知识。

(7) 关于教育目的、目标、价值等的知识。[①]

从学科角度说,上述知识大致可以分为以下四类,即所教学科知识、普通教育学知识、教育心理学知识和学科教育学知识。其中,舒尔曼最看重的知识是学科教育学知识。根据舒尔曼的教师知识观,从内容领域角度说,小学教师专业引领的内容不仅包括所教学科知识、普通教育学知识、教育心理学知识,更包括学科教育学知识。

舒尔曼不仅从内容领域角度对教师的专业知识的要素进行了详细划分,而且从表征形式角度对其进行了划分。他认为,从表征形式角度说,教师专业知识分为命题性知识、案例性知识和策略性知识三类,其中,较为重要的是命题性知识和案例性知识。所谓命题性知识,即用抽象的命题这一逻辑形式来表征的教师知识,其优点是这类知识非常简约,包含了庞大的知识量,用简短的语言向教师阐述教学上的道理。本书认为,命题性知识又可以称为理论知识。所谓案例性知识,即在叙述案例的基础上而呈现出来的教师专业知识,这类知识既包含理论知识,也包括理论的具体运用方面的知识。舒尔曼特别强调案例性知识中的理论成分,他举例说,一个具体的案例,不是一个大的事件或事故的报告,例如脸色通红本身不是一个案例,但当观察者引入疾病的理论知识时就成了一个案例。[②] 与其他教师教育学研究者相比较,舒尔曼更重视教师专业知识中的案例性知识,这一类知识是理论与实践密切结合的教师专业知识。根据舒尔曼的教师知识观,从表征形式角度说,小学教师专业引领的内容不仅包括命题性知识,更包括案例性知识。

二、小学教师专业引领的主体以理论工作者为主

由于小学教师专业引领的内容主要是理论知识,因此,小学教师专业引领的主体一定是掌握了丰富的理论知识的人,这些人不仅勤于学习,有良好的学习条件,有机会大量吸收他人已经创造出来的理论知识,而且具有良好的研究条件,能够提出自己的观点,创造出自己的理论知识。本书认为,这些人可以统称为理论工作者。在一定

---

① 吕丽芳.舒尔曼教师知识观的研究[D].天津师范大学,2013.
② 吕丽芳.舒尔曼教师知识观的研究[D].天津师范大学,2013.

程度上说,理论工作者也可以称为学者,即在学术上有一定成就的人,而这里的学术指的就是系统的、专门的学问。

对小学教师进行专业引领的理论工作者有专职理论工作者和兼职理论工作者之分。所谓专职理论工作者,是指那些把理论研究工作作为自己职业的全部或一部分的理论工作者,换言之,从事研究工作是专职理论工作者的全部职责或部分职责。在当前我国教育领域,专职理论工作者主要由三类人组成。第一类是各级教育科研院所中的研究人员,这些人的职责主要就是研究,主要就是创造出新的理论知识。第二类是高校教师。在现代社会,高校的功能主要有三个,一是人才培养,二是科学研究,三是社会服务,相应地,高校教师也应该具有三项职责,即人才培养职责、科学研究职责和服务社会职责。因此,开展科学研究,不断创造出新的理论知识是高校教师的重要职责之一。第三类是教研员。到 20 世纪 90 年代末,我国教研员队伍已近 10 万人,各省、市、县(区)三级教研机构已发展到约 3 600 个。教研员隶属于教研室,关于教研室的职能定位,1990 年国家教委颁布的《关于改进和加强教研室工作的若干意见》指出,"教研室是地方教育行政部门设置的承担中小学教学研究和学科教学业务管理的事业单位。"[1]从该文件可以看出,教研员的重要职责之一就是开展教学研究。所谓兼职理论工作者,是指那些把从事研究工作、创新理论知识作为附带职责的理论工作者,在当前我国小学教育中,兼职理论工作者主要指的是小学中的学者型教师。众所周知,教书育人是教师,尤其是小学教师的根本职责,从事规范的科学研究、创造新理论是对小学教师的鼓励性期望,而非必要职责要求。事实上,只有极少数小学教师能够成为学者型教师。

当前,在小学教师专业引领中,上述四类理论工作者都在发挥着各自的作用,同时,也存在着各自的问题,进而影响专业引领的效果。概括来说,教育科研院所中研究人员与高校教师对小学教师专业引领具有更强的同质性,二者的共同点是拥有渊博的理论知识。当前二者在对小学教师专业引领中存在的较为明显的问题是他们过多运用命题性知识,而缺少案例性知识,也就是说,他们往往远离小学实践,用纯而又纯的理论来对小学教师进行指导,其专业引领效果难以令人满意。陈向明教授指出,"在推崇专业化的今天,教师对学科专家和教育理论工作者怀有一种爱恨参半的心情。一方面,他们认为学科和教育理论研究对自己的日常工作没有太大的实际指导意义;而另一方面,他们又羡慕学者们拥有的'高'知识和'高'等地位。"[2]更有研究者尖锐地批评说,作为一种重要的专业引领形式,教师培训存在严重的"实工虚做"现象,受训学员对培训的评价是"听的是天书,学的是用不上的理论,花的是冤钱,瞎的是宝贵的休息时间,在乎的是证书,不担心的是考试"[3]。

---

[1] 董绍才.基础教育教研室制度演进历程与审视[J].当代教育科学,2010(20).
[2] 陈向明.实践性知识:教师专业发展的知识基础[J].北京大学教育评论,2003(1).
[3] 周颖华.教师培训中"实工虚做"现象解析[J].东北师大学报(哲学社会科学版),2010(4).

教研员在小学教师专业引领中存在的问题主要表现为两个方面。一方面，教研员的行政性角色偏多，而专业性角色偏少。譬如，教研员重视对课程标准和教材使用情况进行管理，对教学常规进行管理，出考试题、编复习资料等，而对学科教学研究不够，对小学教师业务指导不够。二是教研员偏重对小学教师进行经验性指导，理论性指导偏少。譬如，教研员在听评课中往往对授课教师进行过于具体的操作层面的点评，而缺乏理论层面的引领。这与教研员多来自于一线教师有重要关系。有调查表明，在221位教研员中，大学毕业直接分配到教研室的有25人，占11.3%；以基层优秀教师身份调入教研室的有151人，占68.3%；以基层学校管理干部身份调入教研室的有21人，占9.5%；以教育行政部门公务员身份调入教研室的有4人，占1.8%；其他形式的有20人，占9%。从教研员来源构成来看，超过2/3的教研员来自一线教师。而关于自身理论素养和实践能力方面的调查显示，在221名教研员中，认为自己"理论与实践都一般"的有8.1%；认为自己"理论较强、实践一般"的有20.7%；认为自己"实践较强、理论一般"的有42%；认为自己"理论与实践都较强"的有29.1%。也就是说，有大约一半的教研员认为自己缺乏理论知识。[①] 教研员拥有丰富的实践经验，但是，由于缺少理论，他们对小学教师专业引领的效果还有待提升。

许多研究者都认为，小学教师中的优秀教师也能够采取"师徒制"、"名师工作室"等形式对小学教师进行专业引领。本书认为，优秀小学教师对普通小学教师进行专业引领是可能的，但是，其前提条件是优秀小学教师必须是学者型教师，必须不仅具有精湛的实践技能，而且具有丰富的理论知识，否则，这样的指导就不能称为"专业引领"，而只能称为前面所说的"同伴互助"。二者最根本的区别是，"同伴互助"重在经验上的借鉴，而"专业引领"重在理论上的指导。在教师职业发展的历程中，采用师徒制模式培养教师的时代是教师职业的专门化时代，它存在于早期师范教育中。杜威曾经对师徒制教师教育模式进行过尖锐的批评，他认为该模式鼓励模仿和复制，忽略了技巧背后的原理以及相关概念的理解和掌握，因而通过该模式学到的经验是狭隘的、特殊的，受地点和环境的局限。

教学具有情境性、不确定性、复杂性和多维度性，教师在经验学习过程中只有不仅知其然，而且知其所以然，不仅知道这个方法或那个方法有效，而且知道其有效的原因和必需的条件，最终才能够在教学过程中灵活地调整教学方法以适应不同教学环境的要求。[②] 在师徒制模式中，优秀小学教师的宝贵教学经验固然有其价值，然而，要想对其他小学教师发挥专业引领作用，优秀小学教师必须在指导过程中，将先进的理念、科学的理论与生动而鲜活的实践经验紧密结合起来。

---

① 董绍才.基础教育教研室制度演进历程与审视[J].当代教育科学，2010(20).
② 卢俊勇，陶青.教育实习：学徒制抑或实验制？——杜威的观点[J].外国教育研究，2016(9).

三、小学教师专业引领的宗旨主要是教师运用理论开展实践

虽然专业引领对于小学教师专业发展具有重要意义,但是,其宗旨是引导小学教师运用理论开展实践,促进实践的优化和改进。事实上,当实践得到改进后,小学教师专业发展也就得到了根本的展现。如果忽视了这一宗旨,过于关注小学教师专业发展而忽视了实践的改进,那么,小学教师专业发展有可能成为一种形式上的专业发展,甚至成为一种虚假的专业发展。小学教师的根本职责是教书育人,衡量小学教师工作质量的根本标准、进而衡量小学教师专业发展水平的根本标准就是其实践质量的提高。

运用理论开展实践是教师专业实践的一种重要类型,是教师专业化的经典特质模式理论的内在要求。从世界范围说,教师专业化运动兴起于20世纪60年代,此后,其主要推进模式一直是特质模式。所谓特质模式,即从若干成熟专业中归纳出作为专业所具有的性质或特点,然后以其为标准,分析和评价某一职业的专业化水平,并制定和实施有针对性的专业化推进措施。经典特质模式理论主要是指20世纪80年代之前有关专业化的研究者所构建的尊崇理论的特质模式理论,该理论认为,运用专门知识及技能是专业的核心特质,其他特质都是由其派生而来并依赖于其而存在的。有学者指出,正是知识和技能使医学与法律专业拥有今天的社会地位和社会权力,而"教育研究也已做好了充分的准备为教学专业带来那样的力量"[①],关键是教师要重视和应用教育研究成果。

20世纪80年代之后,经典特质模式理论依然存在,并有所发展。1996年,加拿大学者哈格里夫斯在循证医学的启发下提出循证教育学概念,他认为教师与医生所进行的实践决策有相当程度的一致,不同的是,医生在决策时会遵循严格的科学证据,而教师却更多依赖个人经验。因此,教师必须向医生学习,严格遵循研究证据开展实践。[②] 根据经典特质模式理论,要切实推进教师专业化,使教育实践真正成为一种专业实践,教师就必须高度重视运用理论开展实践。

小学教师运用理论的时机大致分为两种:一是小学教师遇到疑难问题时。在这时,小学教师通过查阅文献或咨询专家,获得理论指导,并将理论应用于实践,从而解决问题。二是平时。即小学教师在日常学习中发现了具有先进性和可行性的理论,然后将其应用于实践,从而改变当前落后的实践水平,提高实践质量。前一种时机下的运用理论具有应急性,后一种时机下的运用理论具有革新性。应急性运用理论固然有其价值,但革新式运用理论则能使小学教师更为积极地学习理论,更为主动地运用理论,因而其意义更大。

---

① 教育部师范教育司.教师专业化的理论与实践[M].北京:人民教育出版社,2003:28.
② 杨文登,叶浩生.缩短教育理论与实践的距离:基于循证教育学的视野[J].教育研究与实验,2010(3).

第二节 专业引领对于小学教师专业发展的意义

《小学教师专业标准(试行)》把小学教师专业素质分为专业理念与师德、专业知识、专业能力等部分。本节在此大体按照该思路来阐述专业引领对于小学教师专业发展的意义。

一、有助于小学教师树立先进教育理念

观念是行动的先导,对行动具有支配作用,而理念是上升为理性高度的观念,其对行动的支配作用更大。德国社会学家韦伯将人类的行动分为四种类型:① 目的理性行动,即人以最为有效的途径达到目的和取得成效的行动。② 价值理性行动,即人为了某种绝对价值或信仰而采取行动,这种行动并不考虑有无现实的成效。③ 情感的或情绪的行动,即人由于现实的感情冲动和感情状态而引起的行动。④ 传统的行动,该行动又可以称为由于习惯而进行的行动,这里的传统主要指的是一种权威性的、制度性的传统,也就是说,该行动主要是人盲目服从外部权威的行动。[①] 感情冲动的行动具有动物性,而传统的行动是缺乏主体性的行动,在韦伯看来,只有价值理性行动和目的理性行动才属于合理的行动,也才是严格意义上的人的行动。本书认为,人是理性的动物,人的本质是理性,每个人都会努力去做自己认为有意义的事情。因此,观念,尤其理念对于人的行动具有指导和支配价值。在小学教育领域,如果小学教师观念落后,那么,其教育行为必然是落后的。要采取先进的教育行为,必须首先树立先进的教育理念。

叶澜教授把具有与时代精神相通的教育理念作为新世纪教师专业素养的第一个重要组成部分。她认为,教育理念是教师在对教育工作的本质理解基础上而形成的关于教育的观念和理性信念,它主要包括基础教育观、学生观和教育活动观三个方面。其中,先进的基础教育观强调把每个学生潜能的开发、健康个性(指个体独特性与社会规范性的有机统一)的发展、为适应未来社会发展变化所必需的自我教育、终身学习的意义和能力的初步形成作为最重要的任务。先进的学生观把学生看作虽有不足和幼稚,但却具有旺盛的生命力、具有多方面发展需要和发展可能的人;具有主观能动性、主动参与教育活动的人;把他们看作学习活动中不可替代的主体。先进的教育活动观重视教师为学生积极主动地学习、在学习中培养和发展能力、学会学习和创造等提供可能、创设条件,使学生在活动中得到多方面的满足与发展,增强独立发

---

① 杨成波.韦伯社会行动的理想类型及当代启示[J].山西师大学报(社会科学版),2011(1).

现问题、解决问题的综合能力。①

观念较易形成,而理念则较难建立。一个人可以在感性经验的基础上形成观念,而一个人必须在掌握丰富的相关知识的基础上才能够形成理念。这从理念所具有的特征也能够得到证明。理念有许多特征,其中,比较重要的特征包括:① 概括性,即理念的形成建立在人对规律已经有了一定的认知基础之上,这种认知具有概括的广度和深度。② 客观性,即如果人要对客观现象的本质或特征有整体性的诠释,就得有其相对应的客观程度。③ 间接性,即理念是人凭借自己的语言形式来对客观现象进行的诠释。④ 逻辑性,即诠释现象的信息内容反映出理念是一种抽象的理论认识,表明理念中陈述的现象遵循着一定的规律、有一定的形式,并按一定的方法在进行。⑤ 深刻性,即理念是经过人的思考活动,进行信息内容的加工,去粗取精、去伪存真,由此及彼、由表及里而获得的。② 从理念的上述特征可以看出,小学教师要树立先进教育理念,必须要掌握丰富的知识,必须深刻认识教育的本质和规律。要做到这一点,小学教师除了自我探索外,更为重要的途径就是接受专业引领,通过理论工作者的指导,迅速掌握大量的科学理论知识。

二、有助于小学教师提升职业道德

在人才观方面,我国一直有高度重视个人道德品质的传统,秉持"先成人、后成才"的理念。当前我国教育依然强调培养学生道德品质的重要性。《国家中长期教育改革和发展规划纲要(2010—2020年)》提出要"坚持德育为先。立德树人,把社会主义核心价值体系融入国民教育全过程"。党的十八大报告明确指出:"把立德树人作为教育的根本任务,培养德智体美全面发展的社会主义建设者和接班人。"

学生具有模仿性和向师性,教育工作具有示范性,要培养具有高尚道德品质的学生,就必须要有道德品质高尚的教师。正如孔子所说:"其身正,不令而行,其身不正,虽令不从。"为此,《小学教师专业标准(试行)》把"师德为先"作为四大基本理念之首,要求教师应"热爱小学教育事业,具有职业理想,践行社会主义核心价值体系,履行教师职业道德规范,依法执教。关爱小学生,尊重小学生人格,富有爱心、责任心、耐心和细心;为人师表,教书育人,自尊自律,做小学生健康成长的指导者和引路人"。

专业引领是理论工作者运用理论知识对小学教师进行指导的活动,而理论知识对于小学教师职业道德的提升具有非常重要的意义。苏格拉底深刻地指出,知识即道德,智慧是最高的美德。在他看来,没有人有意去做错事,他之所以做错事,要么是无知,要么是判断错误。事实上,如果一个人仅仅有所谓的"好心"而缺少知识,那么,这个人就有可能"好心办坏事"。

---

① 叶澜.新世纪教师专业素养初探[J].教育实验与研究,1998(1).
② 佚名.理念[EB/OL].http://www.baike.com/wiki/理念.

> **案例：**
>
> **关注与忽略**
>
> 美国伊格洛克中学一名学生的一篇100多字的小文章,获得大爱达荷瀑布市科学大会评委们的一致好评,毫无争议地以全票通过的绝对优势,当之无愧地拿下一等大奖。究竟是什么原因让那些鼎鼎大名的科学家为这篇区区小文而倾倒呢?
>
> 这篇小文呼吁人们签署一项请愿书,要求对"一氧化二氢"化学物质进行严格控制,或者完全予以废除,理由是:1. 它有可能引发人们过多出汗和呕吐;2. 它是酸雨的主要成分;3. 处在气体状态时,它可能引起严重灼伤;4. 发生事故时吸入也有可能致命;5. 它是腐蚀的成因;6. 它会使汽车制动装置效率减低;7. 在不可救治的癌症病人的肿瘤中已经发现该物质。
>
> 这位中学生拿着这篇小文问过50个人,想了解他们是否支持禁止使用这种化学物质。
>
> 结果,有43人说支持,占86%;6人说尚不能决定,占12%;只有1人说:"一氧化二氢"就是水呀,怎么能禁止使用呢?遗憾的是,注意到这个常识的人只占了可怜的2%!谜底一揭开,百分之百的人顿时醒悟,因为他们只关注了危言耸听,而忽略了众所周知的一氧化二氢这个水分子基本构成的化学常识。[①]

当代德育模式主要有认知模式、体谅模式和社会学习模式,其中,认知模式重视培养人的道德认知,体谅模式重视培养人的道德情感,社会学习模式则重视培养人的道德行为。在这三种德育模式中,占主导地位的是由柯尔伯格为代表的认知模式。在该模式看来,德育最重要的任务就是培养人在道德知识基础上发展起来的道德判断能力。理性思维的基本形式是概念、判断和推理。在专业引领过程中,理论工作者为小学教师传授先进的知识,并在此基础上引导小学教师进行判断和推理,而所有这些都能对小学教师提升职业道德水平起到重要的促进作用。

三、有助于小学教师丰富和完善专业知识

传统教师教育理论一般认为,教师的专业知识是指高深的、专门的理论知识,当今教师教育理论则认为,教师的专业知识不仅包括理论知识,而且包括实践知识。本书认为,这两种知识的丰富和完善都离不开专业引领。

一方面,小学教师理论知识的丰富离不开专业引领。作为一门专业,小学教师必

---

① 佚名. 关注与忽略[EB/OL]. https://zuowen.chazidian.com/zuowensucai5633/.

须要拥有专门的理论知识,而获得这些知识的途径大致有两个:一是通过学习,获得由他人构建的理论知识;二是通过研究,亲自获得理论知识。其中,前者是更为重要且便捷的途径。众所周知,马克思有这样一句名言,即"再生产科学所必要的劳动时间,同最初生产科学所需要的劳动时间是无法相比的,例如学生在一小时内就能学会二项式定理"。对于小学教师来说,通过学习获得理论知识也就显得更为便捷和高效。在理性选择的基础上,小学教师也能够比较方便地找到更具有科学性、先进性和更适合自己的理论知识。因为专业引领的本质就是理论工作者运用理论知识为小学教师提供指导,所以,专业引领对于小学教师丰富自身的理论知识具有直接而重大的促进作用。小学教师可以亲自开展研究,创造理论知识。然而,毋庸讳言,小学教师在研究方法、研究规范、研究客观条件等方面还存在比较明显的不足。孔子说,"工欲善其事,必先利其器。"即使要通过亲自研究获得真理性的理论知识,小学教师仍然需要通过专业引领掌握科学的研究方法。

另一方面,小学教师实践知识的完善需要专业引领。20世纪80年代以来,实践知识逐渐被认为是教师专业发展的知识基础,其理由主要有以下两个。其一,从学术角度说,由于理论知识具有专精化、界限明确、科学化与标准化等特征,而专业实践具有复杂性、不确定性、不稳定性、独特性和价值冲突性等特征[①],二者明显不匹配,所以专业工作者在实践中不能依靠理论知识,而只能依靠实践知识,并通过实践中反思,以应对充满变数的实践情境。其二,从实践角度说,教师的教育实践具有紧迫性,教师必须在短时间内迅速做出决定,采取行动。如此紧迫性容不得教师在教育的现场去寻找理论知识,并用其来指导实践,教师能够运用的知识便是自身所拥有的实践知识。为此,陈向明教授明确指出,"教师的实践知识是教师专业发展的主要知识基础,在教师的工作中发挥着不可替代的作用";"它具有强大的价值导向和行为规范功能,指导(甚至决定)着教师的日常教育教学行为"[②]。虽然如此,这并不意味着理论知识对于教师失去了意义。实践知识主要来自于实践,但它既可能来自日常经验支配下的普通实践,也可能来自科学理论指导下的专业实践。只有通过专业引领,掌握并运用理论知识开展实践,教师才能在有效解决疑难问题的基础上丰富、完善、改造和更新实践知识,增强实践知识的科学性。另外,借助专业引领,经过理论知识的审视,小学教师也能够更好地对自己已有的实践知识的科学性和先进性进行判断,进而对其进行修正和完善。

---

① [美]唐纳德·A.舍恩.反映的实践者——专业工作者如何在行动中思考[M].夏林清,译.北京:教育科学出版社,2007:21-33.
② 陈向明.实践性知识:教师专业发展的知识基础[J].北京大学教育评论,2003(1).

四、有助于小学教师增强专业能力

小学教师的专业能力是指小学教师顺利开展小学教育教学实践的稳定的内在素质特征。本书认为,专业引领对于小学教师增强专业能力的意义是心理学所揭示的知识对能力的促进作用的具体化。

心理学认为,知识是能力发展的基础。小学教师通过专业引领获得了大量的科学的理论知识,在这些知识中,许多知识反映了教育客观规律。当小学教师运用这些理论知识时,就是在遵循教育规律,开展教育实践,因而事半功倍,进而表现出强大的专业能力。知识有事实性知识和程序性知识之分。事实性知识是描述"是什么"、说明"为什么"的知识,而程序性知识是关于"怎么做"、"如何做"的知识。当通过专业引领,掌握大量程序性知识时,小学教师更容易在熟练运用的基础上增强专业能力。

美国心理学家斯腾伯格认为,专家型教师是具有教学专长、专业能力突出的教师,其原型特征有三个,其中第一个特征就是知识,他说,"也许专家与新手之间最基本的差异在于专家将更多的知识运用于专业范围内的问题解决中,并且比新手更有效。虽然这一差异似乎太明显不值得去评论,认知心理学的研究却已经为我们提供了有关专家知识的性质与其卓越的表现之间的关系。"蔡斯(Chase)和西蒙(Simon)用实验法证明象棋专家和新手在对棋盘上棋子的某些特殊格局的记忆上存在着差异。他们将棋局向专家和新手呈现短暂的一段时间,然后测验对棋局的记忆情况。正如所期望的,当棋子按有意义的格局放置时,专家显示较高超的记忆;当棋子在棋盘上是任意放置时,专家和新手都表现出较差的记忆力。斯腾伯格评价指出,该研究有两个重要发现:其一,专家享有的优势是知识的优势。象棋专家在记忆里贮存了数以万计的有意义的棋局,这些贮存的知识使他们更容易对研究者呈现的图案进行编码,从而在记忆任务中超越新手。其二,象棋专家对比新手的优势是单单针对棋局而言的,而在一般可应用性认知过程上未反映出优势。[①] 在专业引领过程中,小学教师从理论工作者那里所获得的不仅是知识,而且是系统化的、结构化的有利于呈现的知识。因此,这些理论知识在小学教师实践过程中能够更为容易地被保存、提取和运用,所以,专业引领对于增强小学教师专业能力具有重要意义。

一个人获得知识,未必就同时具备相应的能力;然而,一个人没有知识,他就必然没有能力,此即所谓的"无知者无能"。小学教师在通过专业引领获得理论知识之后,还必须将这些知识灵活而具体地运用到实践中去,将理论知识转化为实践技能,然后经过多次练习,将技能熟练到技巧的程度后,相应的专业能力才能够最终形成。

---

① [美]R.J.斯腾伯格,J.A.霍瓦斯.专家型教师教学的原型观[J].华东师范大学学报(教育科学版),1997(1).

第三节　小学教师认同专业引领的教育理论价值观基础

小学教师专业引领的核心是小学教师从理论工作者那里获得理论知识,并以此来指导自己的实践。根据舒尔曼的教师知识观,教师的专业知识主要包括所教学科知识、普通教育学知识、教育心理学知识和学科教育学知识四个方面,如果再进一步归纳,这四个方面的知识又可以分为学科知识和教育理论知识两大类,这也就是教育工作被认为是双专业的重要原因。根据舒尔曼的思想,由于学科教育学知识是最为重要的教师专业知识,因此,本书认为,在这两方面知识中,教育理论知识是小学教师更为重要的专业知识。

然而,当前小学教师对于教育理论往往不够重视,甚至排斥,具体表现为小学教师参加教育理论培训的积极性不强,很少主动阅读教育理论。互动论社会学认为,人对事物的行动是以事物对人的意义为基础的,如果一个人认为某事对其没有价值,那么,这个人是难以认真去做该事的。因此,小学教师要想切实认同专业引领,积极接受专业引领,必须要深刻认识到教育理论对于自己的教育实践、自身的专业发展以及本职业发展的重要价值。具体来说,小学教师对于教育理论应该树立以下三种价值观。

一、专业实践指导的价值观

教师的错误教育理论价值观表现之一是经验主义教育理论价值观。持该观念的教师从形而上学的经验主义思想方法和工作作风出发看待教育理论的价值,认为对教育实践具有重要指导作用的不是教育理论,而是从实践中感悟或总结出的教育经验。针对该教育理论价值观,本书认为,为了认同专业引领,小学教师应建立专业实践指导的教育理论价值观,从教育实践的专业性和促进其专业化的角度深入理解教育理论的不可或缺性。

(一) 所有专业实践都需要以理论知识作基础

根据工作的复杂性及其所依赖的智能水平,社会学家把职业分为普通职业和专门职业(即专业)。由于教育实践是具有显著个人功能和社会功能的高度复杂的工作,它应该是一种专业;由于专业工作者享有较高的社会地位,所有从业者包括教师在内都希望本职业成为一种专业。然而,成为专业是有条件的。关于专业的标准,社会学家虽见仁见智,但无不把从业者掌握本领域专门知识、接受本领域理论指导作为核心。美国学者舒尔曼认为,学术知识是所有专业的中心,它对于专业人员的工作是必不可少的。① 教育实践专业化需要遵循专业发展的一般规律,教师如果过分倚重经验从事教育实践,轻视或排斥教育理论的指导,就是在使本职业朝着去专业化或反专业化的方向发展,而这应该不是教师的初衷。

(二)专业自主需要以教育理论作支持

专业自主表现为教师在专业范围内有自主决断权,它既是教育实践走向成熟专业的重要标志,也是教师主体尊严的表征。可以肯定地说,所有教师都希望获得充分的专业自主。要把这一美好的希望变成现实,关键是教师要能够为自己的专业决断做出强有力的解释和辩护。在这一过程中,教育理论显然是提供根本性支持力量的因素。加拿大学者康纳利和克兰迪宁指出,缺乏指导性知识,教师就不能指望获得专业自主;如果我们因为缺乏知识而不能在众多相互冲突的假设之间做出判断,那么,持各种立场的相关的政治力量将决定哪一立场取得胜利②,而无论哪一种立场取得胜利,教师都很容易成为被支配者。离开了教育理论的理性力量支持,无论是对于拥有知识者的指示,还是对于掌握权力者的命令,教师都可能会哑口无言,无力回应。

(三)实践知识的完善需要以教育理论作参照

源于个人经验的实践知识虽然直接指导教师的专业实践,但未必能保证实践质量,因为它不仅内容有限,而且可能包含缄默性的偏见或谬误,因而迫切需要教师以经验为载体,以理论作参照进行反思和完善。在这一过程中,如果缺少理论参照,教师的反思就失却了重要的判断标准,所建构的实践知识就可能仍是低质量的经验。实践知识在本质上类似于杜威所谓的直接经验,关于间接经验在直接经验改造中的作用,杜威认为,"系统的理论知识是一种处于疑难情境时可以依靠的已知的、确定的、现成的、有把握的材料。它是心灵从疑难通往发现的一座桥梁。"如果没有间接经验的介入,"我们的经验几乎将停留在野蛮人的经验的水平上"③。这里的间接经验主要就是指理论。

二、超越性引领的价值观

教师的错误教育理论价值观表现之二是功利主义教育理论价值观。持该观念的教师片面从个人物质利益角度审视教育理论的价值,认为教育理论具有理想性,常与现实教育体制相冲突,自己若遵循教育理论从事教育实践,不但难以获得更多利益,反而可能蒙受损失,所以教育理论价值不大或无用。针对该教育理论价值观,笔者认为,要认同专业引领,小学教师应建立超越性引领的教育理论价值观,认同教育理论的根本价值在于引领教师超越现实,追求教育的崇高意义和个人本质的实现。

---

① [美]李·舒尔曼.理论、实践与教育的专业化[J].王幼真,刘捷,编译.比较教育研究,1999(3).
② [加]F.迈克尔·康纳利,琼·克兰迪宁.教师成为课程研究者——经验叙事[M].刘良华,邝红军,等,译.杭州:浙江教育出版社,2004:102-103.
③ [美]约翰·杜威.民主主义与教育[M].王承绪,译.北京:人民教育出版社,2001:250.

（一）教育理论的价值在于超越性引领

"教育理论理性力的充盈和对教育终极价值的寻求必然具有超越教育实践现实的内在要求。"[①]教育理论虽然包含对优秀教育经验的概括和提升，也包含对合理教育体制的阐释和论证，但更在于发现现实教育中存在的问题，并从合目的的教育理想之阐明、合规律的教育关系之揭示与合理的教育行为之建议等不同层次，引领教师解决问题、超越现实、走向完善，启迪教师以其为参照反思自己的教育观念、教育行为以及外在的教育体制，通过发挥主观能动性进行自我更新和推动体制健全。杜威之所以劝告教师要相信学者们的发现，重要原因就是他高度重视教育理论的这种超越性引领价值，他认为教育理论的目的就是促使教师"对学校工作更具批判性、怀疑精神和洞察力"[②]。

（二）教师的理性功利追求需要教育理论的超越性引领

在当前我国建立和完善社会主义市场经济体制的宏观社会背景下，教师对功利的追求虽无可厚非，但有理性与非理性之分。教师的理性功利追求之一表现为不仅应该追求个人利益，而且应该追求社会利益。我国重视功利的早期思想家墨子主张兼相爱、交相利，认为仁人之事者，必务求兴天下之利，除天下之害。英国哲学家、经济学家和法学家边沁把个人行为的道德标准确定为其所造成的苦乐多少，并强调把感受到苦乐的人数作为重要衡量指标，认为道德的基本原则是"追求最大多数人的最大幸福"。从该理性功利追求来说，如果一个人在争取个人利益时能有益于他人和社会，那就是善；否则就是不善，就是恶。教师该方面的理性功利追求必然会促使其将个人利益的获得建立在通过自己的合理教育实践促进学生全面和谐发展和社会文明进步的基础之上，而不是相反。要做到这一点，教师在教育实践中就必然需要教育理论的超越性引领。

教师的理性功利追求之二表现为不仅应该追求物质利益，而且应该追求精神利益。英国哲学家和经济学家密尔在继承边沁的"追求最大多数人的最大幸福"这一道德基本原则的基础上，把个人幸福区分为低质量的肉体快乐和高质量的精神快乐，并认为作为精神快乐要素之一的个性自由是幸福的首要因素。[③] 个性自由意味着追求理想，超越不合理现实的限制，并对其加以改造，而这正是人的本质，是人区别于动物的更为根本的规定。物质利益固然不可或缺，精神利益更弥足珍贵。如果为了物质利益而牺牲精神利益，就是因小失大，就是遮蔽自己的本质。教师该方面的理性追求必然会促使其张扬个性，彰显主体性，追寻教育的真理，坚守教育的意义。要做到这一点，教师在教育实践中也必然需要教育理论的超越性引领。

---

① 彭泽平.对教育理论功能的审视和思考[J].教育研究，2002(9).
② [美]李·舒尔曼.理论、实践与教育的专业化[J].王幼真，刘捷，编译.比较教育研究，1999(3).
③ 李忠林.西方改革时代的功利主义思潮[J].历史教学，2005(6).

三、创造性应用的价值观

教师的错误教育理论价值观表现之三是操作主义教育理论价值观。持该观念的教师以是否具有可操作性来评判教育理论的价值，认为教育理论脱离教育实践，难以拿来就用，所以其价值不大或无用。针对该教育理论价值观，本书认为，要认同专业引领，小学教师应建立创造性应用的教育理论价值观，确信只有经过自己的创造性应用，教育理论才能发挥指导实践的重要作用。

（一）不同层次教育理论具有不同的可操作性

教育理论是分层次的。德国教育学家布蕾津卡把教育理论分为教育哲学、教育科学和实践教育学三类。其中，教育哲学提供价值和规范取向，回答"应该是什么"问题；教育科学描述和解释事实，回答"是什么"问题；实践教育学给教育者提供关于其任务和完成任务的手段的信息，回答"应该怎样做"问题。[①] 在这三类教育理论中，教育哲学与教育科学处于基础层次，不具有可操作性；实践教育学基于二者之上，处于应用层次，较具有可操作性（也只是"应该怎样做"的理论性建议）。因此，用可操作性来评判不同层次教育理论的价值是不恰当的。基础层次教育理论虽然不具有可操作性，但其价值不可小觑。它不能为教师提供实践之"器"，但能提供更为根本的实践之"道"，能给予教师"精神和气质的熏陶，智慧和思维的启迪，思想和理念的提升"[②]。

（二）教育理论与教育实践的不同逻辑特点要求教师创造性地应用教育理论

教育理论具有局部性，它多是对教育实践中的局部现象进行研究的结果，而教育实践具有整体性，教师在应用某一教育理论时必须同时兼顾影响教育实践的其他所有因素。教育理论具有学科性，它多是从某一学科视角对教育现象进行研究的结果，而教育实践具有跨学科性，教师在应用教育理论时需要综合应用多学科的研究成果。教育理论具有抽象性，它"省略"了教育实践的诸多非本质特征，不可能告诉某位教师"下周一早上应该做什么"，而教育实践具有具体性，教师在应用教育理论时必须将抽象的理论"还原"到具体而丰富的实践中去。教育理论还具有相对静止性，某一教育理论一旦形成就会附着在某种载体上而静止存在；而教育实践总是与时俱进，随其进展，有些教育理论仍具有真理性，有些教育理论变得落后或错误，且新的教育理论又不断出现。因此，教师在应用教育理论时需要发挥创造性，对其先进性和科学性进行判断，以决定取舍。

教育理论与教育实践的不同逻辑特点决定了不存在不经创造而能"拿来就用"的"处方式"教育理论，正如英国学者迪尔登指出的那样，教育理论是否有用是个假问

[①] 冯建军，周兴国. 略述布蕾津卡的实践教育学思想——兼论我国教育学的努力方向[J]. 比较教育研究，1995(2).

[②] 余文森，洪明. 校本研究九大要点[M]. 福州：福建教育出版社，2007：46.

题,真正的问题是"要用哪种理论?需用多少?以什么方式用?为谁而用?何时何地用"①。显然,所有这些"真问题"都必须依靠教师对教育理论的创造性应用。教师对教育理论的创造性应用需要教育机智,赫尔巴特把它看作教育理论与教育实践的中项,认为"谁将成为好的教师或是坏的教师,左右这个大问题的只有一个,这就是他是如何地形成这种机智"②。

综上,只有建立了专业实践指导、超越性引领和创造性应用的教育理论价值观,小学教师才能够真正认同专业引领,进而积极接受理论工作者的指导。

第四节 小学教师专业引领的主要方式

根据小学教师在专业引领中的主动性情况,小学教师专业引领的方式大致包括以下四种类型。

一、讲座式专业引领

讲座式专业引领是指理论工作者主要采用讲授法为小学教师提供理论知识,从而促进小学教师专业发展的专业引领方式。在当前的小学教师专业引领中,讲座式专业引领仍然占有主导地位,是运用最多的一种专业引领方式。

讲座式专业引领的主要优点是理论工作者在短时间内可以为大量小学教师传授丰富而系统的理论知识,其主要缺点是小学教师学习的积极性、主动性不易得到发挥。要充分发挥讲座式专业引领的价值,理论工作者必须要深刻了解接受专业引领的小学教师的特点和发展需要,将先进的理论知识与小学教师的客观基础相结合;要重视理论联系实际,多采用案例来解释和说明理论知识;要重视运用谈话法、讨论法等多种教学方法作辅助,以避免片面使用讲授法所导致的单调乏味。另外,理论工作者还要重视与小学教师的互动,重视为小学教师提供更多的发言机会。

二、参与式专业引领

参与式专业引领是指理论工作者主要采取讨论法对小学教师进行理论指导,从而促进其专业发展的一种专业引领方式。与讲座式专业引领相比较,在参与式专业引领中,小学教师积极参与讨论,因而具有较强的主体性。

---

① [英]迪尔登.教育领域中的理论与实践[J].唐莹,沈剑平,译.瞿葆奎.教育学文集(教育与教育学卷)[C].北京:人民教育出版社,1993:554-555.
② [日]筑波大学教育学研究会.现代教育学基础[M].钟启泉,译.上海:上海教育出版社,2003:244.

在集体培训性的专业引领中,参与式专业引领一般分为三个阶段:

第一阶段是启动阶段。在该阶段,首先,理论工作者采用大班教学形式,简要说明本次培训的主要目的。然后,理论工作者呈现教育教学情境,提出若干具有启发性的问题,引起小学教师的思考。这些问题既包括对具体教育教学情境的分析和评价,也包括对类似的教育教学情境的处理措施。

第二阶段是小组讨论阶段。为了保证每一位小学教师充分参与,在参与式专业引领中,理论工作者重视采取小组教学形式。为了保证讨论的质量,小组内部一般有明确分工,如设有召集人——组织小组讨论,鼓励人人参与;记录员——记录每个成员的发言,防止信息衰减;计时员——提醒每个成员注意发言时间,保证每个成员都有发言的机会;噪音控制员——提醒成员注意发言声音不要太高,以免影响其他组讨论;汇报员——代表本组汇报讨论结果,汇报时注意精炼和概括。①

第三阶段是总结提升阶段。在该阶段,各小组汇报和分享讨论情况,理论工作者对讨论进行总结,要运用先进的理论知识对讨论进行分析、评价,帮助小学教师把对具体教育教学情境的感性认识提升到理性认识的高度。

参与式专业引领的主要优点是比较充分地调动了小学教师在专业引领中的主动性,其不足之处是单位时间内所获得的理论知识不多,且不够系统。另外,在参与式专业引领中,小学教师缺少实践机会,缺少在实践过程中获得专业发展的锻炼。

三、行动式专业引领

行动式专业引领是指理论工作者在指导小学教师实践的过程中给予其专业引领,从而促进其专业发展的引领方式。在该专业引领方式中,小学教师是实践主体,需要在理论工作者的引领下,亲自参与实践,因此,小学教师在专业引领中的主体性得到进一步彰显。在国外,英国的校本培训是行动式专业引领的代表,其操作过程包括以下六个阶段:②

(1) 确定需要阶段

中小学在确定培训需要后,与大学培训部直接接触,或由当地教育行政相关部门向大学传递培训需要信息。

(2) 谈判阶段

中小学与大学培训部门洽谈培训计划,谈判结束后,大学根据中小学的需要安排有相关特长的教师与中小学教师见面,进行更为具体的商讨,初步拟定培训计划。

(3) 签订协议阶段

大学培训部门与中小学签订培训协议,该协议需要交给即将接受培训的中小学教师修改,必须在得到中小学教师的认可后才能最后确定。

---

① 陈向明. 参与式教师培训的实践与反思[J]. 教育研究与实验,2002(1).
② 袁桂林. 英国教师在职培训的六阶段模式[J]. 外国教育研究,1995(1).

（4）实施培训之一

大学培训者对中小学教师进行集中培训，目的是介绍新的知识技术概况、新的方法论原理，教师也可以相互切磋，交流经验。

（5）实施培训之二

该阶段是最为关键的阶段。大学培训者根据具体情况，多次来到中小学，在参与中小学教师的具体教学过程中给予其指导，帮助其提高教学质量。

（6）结束阶段

按照协议规定的项目完成之后，该培训告一段落，中小学与大学可能会洽谈新的培训项目。

在我国，行动式专业引领较有代表性的模式是由顾泠沅创立的三阶段两反思教师培训模式。[①] 其具体操作程序如下：

（1）原行为阶段

在该阶段，一位教师按照平时的方式上课，专家、教研员与其他教师进行观摩。该阶段的重点是上课教师已有的教学行为。

（2）第一次反思

在该阶段，专家、教研员与教师一起对第一次课例进行反思，寻找上课教师与他人的差距、与新理念的差距，主要目的是更新理念。

（3）新设计阶段

该阶段关注的重点是新理念指导下的课例设计。专家、教研员、教师按照新理念重新进行教学设计。原来执教的教师按照新的教学设计进行第二轮教学，专家、教研员与其他教师进行观摩。

（4）第二次反思

在该阶段，专家、教研员与教师一起对第二次课例进行反思，寻找新设计与学生实际发展之间的差距，并进行新的教学设计。该阶段的主要目的是改善行为。

（5）新行为阶段

在该阶段，执教教师进行第三轮教学，专家、教研员与其他教师进行观摩，从学生发展角度关注执教教师的行为调整。该阶段可以多次进行。

英国的校本培训模式和顾泠沅的三阶段两反思教师培训模式的共同之处是二者都强调理论工作者深入到中小学，在与教师一起实践的过程中，指导教师改善教学行为，实现专业发展，因而二者具有鲜明的行动式专业引领性质。该专业引领所采用的教学方法以实践法为主，在小学教师专业引领中，该引领方式的主要优点是理论工作者能够指导小学教师通过实践切实理解、应用、检验和接受理论知识，从而获得专业发展。行动式专业引领的主要缺点是能够得到理论工作者在教育教学过程中给予直接指导的小学教师数量毕竟非常有限，因而对小学教师专业引领的受益面太小。

---

① 顾泠沅，王洁．以课例为载体引领教师发展[J]．人民教育，2003(6)．

四、阅读式专业引领

所谓阅读式专业引领,是指小学教师通过阅读理论工作者的研究成果,并将其用于自己的实践,从而促进自身专业发展的引领方式。该专业引领方式所采用的具体方法主要是阅读法。在讲座式专业引领、参与式专业引领和行动式专业引领中,小学教师都与理论工作者面对面,因而它们可以统称为直接的专业引领。与其相比较,阅读式专业引领则属于间接的专业引领,即小学教师不是在与理论工作者的直接接触中接受指导,而是通过阅读其研究成果,间接地接受指导。在该专业引领方式中,小学教师具有充分的自主权。直接的专业引领固然有其重要价值,然而,小学教师接受讲座式专业引领、参与式专业引领和行动式专业引领的人数总归是有限的,时间也总归是有限的,其内容也具有明显的局限性,然而,阅读式专业引领却能够很好地突破这些局限。因此,在终身学习时代,阅读式专业引领具有非常重要的现实意义。

为了更为有效地运用阅读式专业引领方式,小学教师应该注意以下事项:

1. 制定阅读规划

凡事预则立,不预则废。小学教师有了明确的阅读规划,能够促使自己自觉地坚持阅读。

2. 养成阅读习惯

我国心理学家朱智贤认为,习惯是人在一定情境下自动化地去进行某种动作的需要或倾向。阅读习惯会促进小学教师持之以恒地开展阅读。

3. 使用多种阅读载体

小学教师的阅读载体既包括纸质文本,也包括电子文本。纸质文本又包括著作、期刊、报纸等类型。在当今信息时代,电子文本越来越显示出其价值。

4. 综合使用精读和泛读方法

只有通过泛读,小学教师才能够保证阅读的数量,才能够选择出精品文献;只有通过精读,小学教师才能够保证阅读的质量。

5. 将独立学习与合作学习相结合

虽然独立学习是非常重要的阅读形式,然而,独学而无友,则孤陋而寡闻。根据社会建构主义学习理论,通过合作学习,小学教师才能够在阅读过程中获得更为接近真理的知识。

6. 将日常阅读与应急阅读相结合

应急阅读是指小学教师在遇到迫切需要解决的实践问题时,通过阅读寻找专业引领,从而解决问题。而日常阅读则是指小学教师在日常情况下进行的积累性阅读。本书认为,与应急阅读相比较,日常阅读更为重要,它不仅能够使小学教师坚持不懈地进行阅读,而且能够为教学实践创新奠定扎实的理论基础。

附：

教师们为什么拒绝读书[①]

朱永新

在许多场合我不止一次地说过,一个人的阅读史就是他的精神发育史,而一个民族的精神发育水平,在很大程度上取决于这个民族的阅读水平。

一

阅读是最重要的精神生活内容之一。我们有过崇尚阅读的时代,但是进入20世纪90年代,国民阅读量持续下降,阅读的品质也不断走低。更可怕的是,越来越多的人并不因缺乏阅读而羞愧;相反,专注于阅读倒仿佛是一种病态,这种价值观念的颠倒是非常可怕的。

尤其令人担忧的是,阅读正远离校园。阅读与学习无关,听起来是很荒谬的事情,但这正是长久以来存在于校园里的事实。我们将那些人类文明的精华称之为课外书,"课外书"本身就是一个意味深长的称谓。在为了应试而"读书"的功利主义的读书观背后,弥漫的是一种持续多年的"读书无用论"。更为可怕的是,教师作为最应该阅读的职业群体,也有许多人放弃了阅读,有不少人靠几本教参在课堂上打拼。有些教师顶多不过读几本流行杂志,更不用说教育学和心理学了。在宽广的人文领域中,能够阅读最基本著作以及文章的教师究竟有多少呢?这种精神的荒漠化,导致的是教育的贫瘠,日趋依靠规训、惩戒或者利诱来维持教学,这使大批的学生在离开校园的时候,精神相当贫瘠。由于就业压力急剧增大,竞争日趋激烈,而旨在为精神奠基的阅读就在这种大环境中被忽略了。

爱因斯坦曾经说过一段值得深思的话:"我想反对另一种观念,即学校应该教那些今后生活中将直接用到的特定知识和技能。生活中的要求太多样化了,使得在学校里进行这种专门训练毫无可能。除此之外,我更认为应该反对把个人像无生命的工具一样对待。学校应该永远以此为目标:学生离开学校时是一个和谐的人,而不是一个专家。我认为在某种意义上,这对于那些培养将来从事较确定的职业的技术学校也适用。被放在首要位置的永远应该是独立思考和判断的总体能力的培养,而不是获取特定的知识。如果一个人掌握了学科的基本原理,并学会了如何独立地思考和工作,他将肯定会找到属于他的道路。除此之外,与那些接受训练主要只包括获取详细知识的人相比,他更加能够使自己适应进步和变

[①] 朱永新. 教师们为什么拒绝读书[EB/OL]. http://www.360doc.com/content/15/0129/20/9570732_444815158.s html.

化。"这种培养和谐的人所需要的"独立思考和判断的总体能力"的培养,最重要的获取途径是阅读。而一旦教师成为单向度的人,又怎么可能培养出真正和谐发展的学生呢?

二

今天,教师拒绝阅读已经是一种社会事实。有不少校长向我诉苦,说是为了教师的专业发展,他们想了许多办法,比如要求写读书笔记,举办读书沙龙,进行读书奖励,但都很难奏效,教师们就是不愿意读书。

其实,没有人天生不喜欢阅读。我一直认为,阅读是人类的一种本能。大批教师从踏入学校开始,就越来越不喜欢阅读,这在很大程度上是他们自身在长期的求学过程中丧失了阅读能力和阅读兴趣的结果,这种丧失已经对教师的整个职业生涯产生了负面影响。

即使如此,也不能说教师就真正丧失了阅读能力。在教师的职业生涯中,有多重因素恶化了教师的阅读状况。

首要的问题是教师缺乏闲暇。有一个西西弗斯的比喻很适合现在的教师。西西弗斯每天辛辛苦苦地把石头推上山,推得筋疲力尽,第二天又重新开始,周而复始永无停息。而生活在应试背景下的教师也是如此,每天起早贪黑,工作时间早已经侵入闲暇甚至休息时间,许多教师疲于奔命,其结果是职业倦怠。一个处于奔命或者倦怠状态下的教师,哪里还会产生读书的欲望?阅读首先需要的是闲暇,闲暇的意义不仅仅在于保证阅读时间,更重要的是保证阅读的状态。阅读需要从容的心态,需要较长时间地投入思考。见缝插针式的阅读往往是实用主义的,未必真正适合教师阅读。本来作为调节,教师除了周末尚有长长的寒假和暑假可以进行休整,但目前的状况是补课不但侵占了周末,也大量地占用寒假和暑假的时间。一旦自然休息的节律被打破,教师便会陷入身体疲劳与精神疲劳的双重境地,偶尔的假日,往往就成了一种极度放松的时间,这成了过于繁忙的日常工作的一种反弹。

假如教师有了闲暇,其实也未必读书,闲暇只是读书的前提条件。可能更多的教师处理闲暇的方式是玩游戏、打麻将或者进行生活交际等。这里有两点非常重要,一是他们缺乏阅读的需要,二是他们缺乏阅读的环境。所谓缺乏阅读的需要,主要是指他们的职业并不迫切需要大量的阅读。许多教师的工作非常简单,就是研究题目,应对考试。这种简单的技巧并不需要丰富的阅读做支撑,丰富的阅读有时候甚至可能是一种妨害。在这种情况下,阅读远不如大量地做题来得更加有效,也更加节省时间。在一般学校里,那些几乎从不阅读,把大量时间花费在研究题目以应对考试的教师往往更受校长欢迎。新课程实施以后,许多教师开始被迫阅读,因为他们不阅读,就无法应对自己的教学。所谓缺乏阅读的环境,有多层含义,最重要的是缺乏校园文化。有没有倡导阅读的校园文化做支撑,对于阅读来说非常重要。这种支撑既包括硬件支撑,如图书馆的建设、藏书量以及借阅的方便程度等;也包括软件支撑,如学校里的读书氛围以及教师沙龙风气等。

三

假如我们来看一下喜欢阅读的教师,就会发现,在有阅读习惯的教师当中,真正走向专业阅读的教师的比例非常少。

回到西西弗斯的神话。假如西西弗斯从无休止的"推石运动"中发现节律,发现美,发现意义,那么或许这个曾经简单的动作就不再只是苦役,而是一项充满乐趣的运动。这个时候,石头就会停在山顶。同样,假如教师能够从日常教育教学中发现规律,发现意义,工作也就不再是"劳役",不再是重复,而是充满新奇与创造,充满奥妙与神奇。事实上,由于教师面对的是活生生的人,每天的生活本来就是丰富多彩的,只是因为我们缺乏对教育规律的理解,缺乏对学生的理解,才让自己对工作失去兴趣。而要摆脱西西弗斯的命运,除了对学生的热爱,对教育事业的热爱,还需要专业化,只有专业化才能够让热爱更加持久。

专业阅读是走向专业化的重要途径之一。专业阅读也是新课程推行之后一些有见识的校长首先推行的一项工作。但是,专业阅读很难在教师个体摸索中来完成。许多时候,校长们推荐的书籍,教师们并不喜欢阅读,但结论不应该是教师们不喜欢阅读专业书籍,而是这些被推荐的书籍并不适合教师,或者教师阅读专业书籍和学生阅读一样,也有一个阶梯存在。不分青红皂白地拿来的书,或许是好书,但未必适合大部分教师此时此刻的阅读水平。比如,许多小学向教师推荐苏霍姆林斯基的《给教师的一百条建议》,但事实证明,大部分小学教师在专业化起步时期,并不适合读这样的书,或许先从读类似《孩子们,你们好》这样的书开始更好一些。因此,教师的专业阅读,不妨考虑以下因素。

一是专业引领。依靠不同领域的专家,比如学科专业领域的,教育学、心理学领域的,根据具体情况为教师推荐不同的书籍来构成"营养套餐"。事实证明,教师专业化发展中,确实存在着一个理想模型,一个专业阅读框架。"新教育实验"一直在致力于开发教师专业阅读"地图",就是基于这种考虑,力求为"新教育实验"学校的教师提供一个专业阅读参照。

二是同伴互助。"独学而无友,则孤陋而寡闻。"教师的阅读要想效果好,要尽可能地置于"阅读共同体"中,在共读、共写、共同生活中获得发展是最优途径之一。专业阅读毕竟不同于消遣性阅读,它有理解上的难度,需要通过专业交流来不断地加深理解。因此,要珍视教师当中自发形成的读书沙龙并予以支持,必要时要创设这样的环境。在许多学校里,教师互不来往,这是不对的。要创造教师们共同生活的环境,只有共同生活才能够形成共同的语言,才能够在专业阅读时互相帮助。必要时,可对一些传统的教研活动或班主任会议进行改造。

三是倡导解决问题的阅读。教师的专业阅读一般不是教育学、心理学元理论

的阅读,而是以解决问题为导向的阅读。专业阅读必须与教育实践紧密结合在一起才有生命力,才能够有更为深刻的理解。专业阅读不是一个独立的项目,而是与学校的教育教学活动紧密结合在一起的,如案例讨论等。

总之,教师们拒绝读书有许多历史原因和现实原因,而教师不阅读,从某种意义上是整个社会缺乏阅读的缩影。拯救阅读,请从拯救教师阅读开始!

思考问题

1. 小学教师专业引领与同伴互助的区别是什么?
2. 应该如何看待教育理论的价值?
3. 参与式专业引领的意义是什么?
4. 行动式专业引领优点和不足是什么?
5. 小学教师如何才能有效开展阅读?

第七章
行动研究与小学教师专业发展

本章重点
- 行动研究对于小学教师专业发展的意义
- 行动研究的操作步骤

我国小学教师有组织的研究活动从新中国成立初期就已经开始了。当时,我国全面学习苏联,借鉴苏联的教育制度和经验,我国教育部于1952年颁布的《小学暂行规程(草案)》指出,小学教师依照学科性质分别建立研究组,研究改进教学内容和教导方法,交流、总结经验;每两周举行一次教导研究会议;规模较小的小学由同地区内几个小学联合举行教导研究会议。① 不过,学术界普遍认为,从世界范围来说,"教师成为研究者"理念是由英国课程论专家斯滕豪斯于20世纪60年代末正式创立的。当前,小学教师需要承担研究者角色已经成为共识。

小学教师需要开展研究,理论工作者也需要开展研究,二者所开展的研究是否存在区别?斯滕豪斯要求包括小学教师在内的从事基础教育工作的教师成为什么样的研究者?对上述问题的思考不仅具有重要的理论意义,而且具有重要的现实意义。本书认为,教师的研究与理论工作者的研究不仅有共同之处,而且存在诸多区别。概括地说,教师的研究是改进教育的研究,而理论工作者的研究是描述和解释教育的研究;教师的研究是置身于教育之中的研究,而理论工作者的研究是置身于教育之外的研究;教师的研究是为了教育的研究,理论工作者的研究是关于教育的研究。教师研究的上述特征属于"行动研究"或称之为"教育行动研究",这种研究才是广大教师所需要的。② 同样,斯滕豪斯所说的"教师成为研究者"也是狭义的,其实质也是指"教师成为行动研究者"。行动研究的目的主要有两个:一是改进教育实践,二是促进教师专业发展。因此,本书认为,在促进小学教师专业发展的途径中,虽然自我反思、同伴互助和专业引领中都可能会涉及行动研究,然而,在对这些途径的探讨中都没有专门对行动研究进行深入而系统的阐释。在"教师成为研究者"已经成为基础教育基本理念的今天,在行动研究是最适合小学教师开展的研究类型的情况下,有必要基于小学教师专业发展对行动研究进行专题探讨。

行动研究案例阅读

---

① 葛金国.学校管理学[M].合肥:中国科学技术大学出版社,1996:201.
② 全国十二所重点师范大学联合编写.教育学基础[M].北京:教育科学出版社,2002:300.

第一节 行动研究的内涵

行动研究是一种由实际工作者在现实情境中自主进行的反思性探索,并以解决工作情境中特定的实际问题为主要目的,强调研究与活动的一体化,使实际工作者从工作过程中学习、思考、尝试和解决问题。① 具体来说,行动研究的内涵主要包含以下方面。

一、行动研究是为了行动的研究

从功能角度说,研究目的大致分为两种:一是理论目的,即研究者为构建理论而研究;二是实践目的,即研究者为改进实践而研究。行动研究为行动而研究,其主要目的是改进实践。美国学者柯雷最早将行动研究引入教育领域,他在《改进学校措施的行动研究》一书中写道:教师等人员采取积极态度,发挥创造性思维,提出合理措施,并勇敢地加以试验;且讲求方法,有系统地搜集资料,以确定新措施的效果。这种方法便叫"行动研究"。② 国际行动研究的主要倡导者埃利奥特在《指向教育变革的行动研究》一书中认为,行动研究旨在提高社会具体情境中的行动质量,是对该社会情境的研究,并强调指出,"行动研究的基本目的是改进实践而不是构建理论"③。二者对行动研究的界定及其著作名称都表明行动研究的重要内涵是为行动而研究。

二、行动研究是对行动的研究

自从 20 世纪三四十年代行动研究概念创立以来,学术界对行动研究的定义主要有三种:其一,行动研究即行动者用科学的方法对自己的行动所进行的研究,该定义强调行动研究的"科学性"。其二,行动研究即行动者为解决自己实践中的问题而进行的研究,该定义关注行动研究对实践的"改进"功能。其三,行动研究即行动者对自己的实践进行批判性思考,该定义突出了行动研究的"批判性"。④ 上述定义虽然侧重点不同,但是都认为行动研究是对行动做研究,其研究对象是行动者自己的实践。行动研究的对象既可能是小学教师不期而遇且迫切需要解决的教学问题,也可能是小学教师在先进理论观照下主动发现的教学问题。研究前者固然有其价值,研究后者则更具有主动性和发展性。在小学教师合作开展的行动研究中,其中的研究问题

---

① 全国十二所重点师范大学联合编写.教育学基础[M].北京:教育科学出版社,2002:300.
② 戴长河,许天英,陈振兴,周静.行动研究概述[J].教育科学研究,1995(1).
③ 刘良华.校本行动研究[M].成都:四川教育出版社,2002:154.
④ 郑金洲,陶保平,孔企平.学校教育研究方法[M].北京:教育科学出版社,2003:240.

一定要成为所有参与者共同的问题。

三、行动研究是行动中的研究

关于行动研究过程,行动研究的正式创始人勒温认为,行动研究的起点是界定与分析问题,行动研究包括对计划及其实施情况的观察与评价,行动研究是一个螺旋循环的过程。凯米斯等人认为,行动研究是包含"计划"、"行动"、"考察"和"反思"四个环节的循环过程。①"凯米斯模式"被认为是行动研究过程的经典模式。行动研究主张在行动中研究,重视行动过程与研究过程的统一以及研究过程的循环性。行动研究的循环虽常会出现但并不一定出现。假如经过一个精心设计的研究过程,小学教师顺利解决了某个教学问题,那么,从实践层面说,针对该教学问题的行动研究过程就告一段落。另外,行动研究的循环未必等到一个研究过程全部结束才出现。譬如,如果在参考学术文献过程中发现前面对教学问题的界定不准确,那么,小学教师就需要返回到前一步,重新界定教学问题。

四、行动研究是系统的研究

系统研究是指研究者运用多种方法严谨地进行研究,以提高研究的科学性。关于行动研究方法,斯滕豪斯认为,行动研究若要获得作为一种研究的前提性资格,研究者就必须进行系统研究;博格等人认为,系统地收集和解释资料使行动研究更具有科学性,从而使其有别于"随意性问题解决"。②埃利奥特认为,行动研究的主要研究方法及技术包括以下种类:① 日记;② 传记;③ 文献分析;④ 图片资料;⑤ 录音、录像和抄录;⑥ "局外观察者使用"技术;⑦ 访谈;⑧ 连续评述;⑨ 跟踪研究;⑩ 清单、调查表、目录单;⑪ 三角互证法;⑫ 分析备忘录。③ 由于行动研究讲求研究方法,重视研究方法的规范性、严谨性,小学教师随意性的听评课就不能称为行动研究,否则,行动研究就将失去研究资格。

五、行动研究是合作的研究

几乎所有的行动研究专家都认为行动研究应采取合作研究形式。凯米斯把行动研究划分为技术性行动研究、实践性行动研究和解放性行动研究三种类型④,而其分类标准就是研究者与实践者合作关系的性质。在技术性行动研究中,二者是指导与被指导关系;在实践性行动研究中,二者是平等的伙伴关系;在解放性行动研究中,二者是顾问与咨询关系。早期行动研究重视研究者与实践者之间的合作,当代行动研

---

① 杨小薇. 教育研究的理论与方法[M]. 北京:北京师范大学出版社,2008:206-208.
② 刘良华. 重申"行动研究"[J]. 比较教育研究,2005(5).
③ 洪明. 当代英国行动研究的重要主张——埃利奥特论行动研究的过程与技术[J]. 外国教育研究,2003(5).
④ 刘良华. 校本行动研究[M]. 成都:四川教育出版社,2002:46.

究强调实践者之间的合作。合作关涉伦理,遵循行动研究范式,小学教师在合作开展行动研究时应重视研究的伦理性。加拿大行动研究专家卡森借用埃利奥特的话说"行动研究即道德科学",他认为行动研究的伦理性表现在以下方面:伦理即希望、伦理即关怀、伦理即开放、伦理即责任、伦理即协商。① 在合作开展行动研究过程中,小学教师应建立起相互信任、相互尊重、相互激励、相互支持、相互包容的合作文化。

六、行动研究是公开的研究

关于行动研究成果的呈现方式,斯滕豪斯指出,"私下地研究在我们看来简直称不上研究。部分原因在于未公开发表的研究得不到公众批评的滋养,部分原因在于我们将研究视为一种共同体活动,而未发表的研究对他人几乎没有用处。"② 因此,行动研究要获得作为一种研究的资格,就必须公开呈现研究成果。从体裁上说,公开呈现的行动研究成果以研究报告为主,它是对行动研究过程和结果的整理、描述、评价和解释;从内容的性质来说,公开呈现的行动研究成果既不是纯粹的理论知识,也不是纯粹的感性经验,而是依托教学情境的实践知识。小学教师公开呈现行动研究成果的渠道应该多样化。当前我国能够刊登行动研究成果的专业期刊还非常少,因此,小学教师除了重视通过期刊、出版社等渠道公开呈现行动研究成果外,还应重视通过会议、网络等渠道公开呈现行动研究成果。

第二节 行动研究的演进

自从20世纪40年代行动研究在美国正式创立以来,它经历了兴起、衰落和复兴的演进过程。对这一过程进行深入考察,有助于我们准确地把握行动研究的特点和走向,进而促进其健康发展,更好地为小学教师专业发展服务。

一、行动研究的兴起

行动研究不为教育领域所特有,也不发端于教育领域,它是从其他社会领域引进来的。1933年至1945年间,美国负责印第安民族事务的官员科律尔组织专家和群众一起研究和解决民族问题,取得显著成效。1945年科律尔发表《美国印第安人行政管理作为民族关系的实验室》一文,提出科学家、行政人员和群众密切合作共同研

---

① 高振宇.行动研究与课程改革——加拿大阿尔伯塔大学泰瑞斯·卡森教授访谈录[J].全球教育展望,2011(6).
② 刘良华.重申"行动研究"[J].比较教育研究,2005(5).

究是民族管理的主要途径。该文体现了行动研究的基本思想,开创了行动研究的先河。对行动研究的兴起起到重要推动作用的是美国社会心理学家勒温。20世纪40年代勒温在有关家庭主妇改革膳食习惯的研究中发现,与专家一起民主讨论和集体研究的主妇要比只听专家报告的主妇更好地改变了膳食习惯。另外,勒温通过与犹太人、黑人合作研究和改善人际关系,也明显提高了这些人的人际关系质量。1946年勒温发表《行动研究与少数民族问题》一文,把这种"将科学研究者与实际工作者的智慧、能力结合起来,以解决某一实际问题的方法"定名为行动研究。

20世纪50年代,美国哥伦比亚大学师范学院院长柯雷把行动研究引入教育领域。"同勒温一样,他强调行动研究的对象应该是研究者和教师共同感兴趣的问题。不过……他认为行动研究得出的结论只适用于此时此地的教育情境,而不具有普遍的意义。"[①]1953年柯雷出版《改进学校实践的行动研究》一书,对教育中的行动研究作了详细阐述。此后,行动研究在美国教育领域迅速发展起来,被专家和教师广泛运用于解决课程编制和教师业务提高等问题。

行动研究兴起的主要背景是专家与实际工作者、理论与实践的分离,以及由此而造成的理论研究的空洞,尤其是实践效果的低下。这种情况在教育领域表现得非常明显,一方面,专家远离教育现实,从理论到理论,为学术而研究;另一方面,教师远离教育理论,缺少反思,简单重复教育实践。这种分离使得教育不能满足社会要求。在此背景下,行动研究的开拓者提出专家应参与实践,实践者应参与研究,二者密切合作以解决现实问题。这时行动研究在一定程度上弥合了专家与实践者、理论与实践的分离,并显示出在解决实际问题中的优越性。

在兴起阶段,教育领域中行动研究的主要特点是:① 专家与教师是平等合作关系,他们同是研究的主体;② 致力于解决教师的具体实践问题。

二、行动研究的衰落

行动研究在教育领域发展了近10年,于20世纪50年代末走向衰落。其衰落的主要内部原因是,在专家与教师的合作研究中,专家倾向于把自己与教师的责任区分开来,即专家主要负责研究问题,制订解决方案;教师主要负责实施方案,验证方案的效果。这样,教师本人的具体问题受到忽视,教师的研究受到限制,专家的研究也逐渐回归于一般化。

其衰落的主要外部因素是R—D—D模式在教育领域受到推崇。R—D—D模式即研究—开发—推广模式,它为工业界所常用,20世纪60年代被移入欧美教育领域。该模式虽然注重教育理论与教育实践的结合,但强调教育实验,强调理论应用于实践的开发研究环节。在此模式中,研究由专家主持,教师或者成为被试,或者成为推广对象。由于行动研究的发展趋于R—D—D模式,所以随着该模式在欧美教育

---

① 李臣之,刘华良.行动研究若干问题探讨[J].教育科学论坛,1995(5).

领域的普遍确立,行动研究为其所代替。

在衰落阶段,行动研究的主要特点是:① 专家是研究主体,约束和控制教师的研究活动。② 研究的实验性、学术性强,重视探寻可供推广的一般教育模式,忽视解决参与教师的具体实践问题。

三、行动研究的复兴

行动研究衰落10多年后,于20世纪70年代在英国再度兴起,继而在美国、澳大利亚及其他欧洲国家蓬勃发展。其复兴的主要背景是R—D—D模式在教育领域的失败。由于该模式以专家的理论和设想为中心,把参与教师及其活动当成为专家提供数据和资料的工具,远离常态的学校生活、实际的课堂教学和复杂的教育教学过程,所以其成果脱离教育实践,难以推广实施。于是,一些教育研究专家又怀念起行动研究于兴起时在解决问题中立竿见影的实效,同时也开始反思其衰落的原因,探寻其正确的发展方向。

行动研究复兴的主要内部因素是斯滕豪斯、埃利奥特、凯米斯等人对其所做的持续不断的努力改进和完善。斯滕豪斯是复兴行动研究的先驱,其复兴行动研究的切入点不仅是为了改进教育实践,更是为了教师的解放。他指出,教师解放的本质是专业自主,实现专业自主的最重要的途径就是"教师成为研究者"。在斯滕豪斯看来,教师既有研究的权利,也有研究的条件。"教师是教室的负责人,而从实验主义者的角度来看,教室正好是检验教育理论的理想的实验室。对那些钟情于自然观察的研究者而言,教师是当之无愧的有效的实际观察者。"[①]斯滕豪斯所说的教师研究"在本质上只是一个实践问题",因而属于行动研究,他认为行动研究就是教师或者其他实际工作者针对实际问题而进行的研究。

之后,行动研究在欧洲及美、澳等国受到高度重视,得到普遍推行。英国建立了"课堂教学行动研究网络",美国"辅导与课程编制协会"提出每一个合格的会员都应对行动研究有足够的理解和应用能力。近年来,行动研究在我国教育界也受到越来越多的关注。

在复兴阶段,行动研究的主要特点是:① 突出强调教师的研究主体地位,努力减少专家对教师研究过程的控制;② 研究的宗旨不仅是为了解决具体教育问题,而且是为了教师的专业自主。

四、启示

通过以上对行动研究兴衰成败历史的考察,笔者认为,我国小学教师的行动研究要获得健康开展,必须在以下四个方面做出努力。

---

① 高慎英. 教师成为研究者:"教师专业化"问题探讨[J]. 教育理论与实践,1998(3).

(一)坚持应用性,不能学术化

这是对小学教师行动研究目的的定位。应用性目的是指教师的行动研究要解决自己的实践问题,提高自己的教育质量。学术性目的则是指通过揭示教育的一般规律,发展教育科学,指导其他教师的实践。行动研究在兴起和复兴阶段都有鲜明的应用性目的,而在衰落阶段则侧重追求学术性目的。活动的目的不同,活动的内容就不同。应用性目的要求教师针对教育实践问题,从教育内容、方法、手段或组织形式等方面进行改革和创新,提出新方案并付诸实施。学术性目的则要求研究者要审慎地选择、论证课题,详尽地搜集、整理资料,然后对资料做缜密细致的思维加工,以发现新联系,提出新观点,建立新理论,并力求正式发表或出版研究成果。

小学教师是实践工作者,其职责是培养学生全面发展,这就要求他们应积极开展应用性研究。客观地说,小学教师进行学术性研究对其正在进行的教育实践没有直接的促进作用,不仅如此,由于时间精力有限,其学术性研究与教育实践之间在一定程度上还存在着彼消此长的矛盾。然而,一旦以应用为目的而研究,教师的实践与研究的矛盾就不复存在,因为这时的研究是实践中的研究,这时的实践是研究中的实践,实践与研究合二为一。如此,小学教师就能够解决教育研究与教育实践"两张皮"问题,就能够摆脱研究与实践相互冲突的两难困境。

要促使小学教师研究的应用性,关键是正确评价小学教师的行动研究活动。首先,要高度重视小学教师的应用性研究。从实践意义上说,假如所有小学教师都能自觉开展应用性研究,都能不断改进自己的教育实践,那么我国整体小学教育质量的提高就有指望了。从理论意义上说,一方面,小学教师开展应用性研究有利于转化教育科研成果,实现教育理论的终极价值。另一方面,小学教师的应用性研究寓真理于朴素的感性经验中,这些鲜活的经验是构成教育总体知识的重要组成部分,是教育理论繁荣的沃土。其次,要以实践效果作为根本标准评价小学教师的行动研究。只要小学教师的教育教学方案反映了教育规律,具有新颖性,明显提高了教育质量,就应肯定小学教师取得了研究成果,无论小学教师有没有把研究过程总结成文章,或总结成文章后有没有发表。

(二)坚持高尚性,不能庸俗化

这是对小学教师行动研究动机的定位。高尚性动机是指小学教师开展行动研究是为了体验创造性工作的乐趣和奉献社会的幸福,为了在平凡而崇高的育人事业中发挥自己的潜能,实现自身价值。庸俗化动机则指小学教师开展行动研究是为职称评定,职务晋升,应付考核等个人名利。行动研究在兴起阶段提高教育质量的目的虽很明确,但对教师研究的动机关心不够。其之所以能够全面复兴,原因之一是倍加关注教师的研究动机及其高尚性,即提出教师应为了专业自主而研究。

事实上,小学教师只有产生了高尚的研究动机,才会具有研究的内在动力,才能自觉而持久地投入研究,并创造出真正的研究成果。庸俗化动机使得小学教师把研究当成获得个人名利的手段,其结果是:① 研究成为获取名利的代价,在研究过程中,小学教师体验更多的是痛苦而不是快乐和幸福。② 一旦获得名利,小学教师就有可能放弃研究。③ 在名利干扰下和研究的痛苦中,小学教师的创造性受到压抑,潜能得不到发挥,研究质量难以保证。

要促使小学教师研究的高尚性,首先,学校和社会应尽量满足小学教师的现实物质需求,关心小学教师的精神生活,充分尊重小学教师,为他们产生自我实现的高级精神追求提供条件。人本主义心理学家马斯洛认为,一个人只有在基本的生理需要、安全需要、友爱需要和尊重需要得到满足之后,才能产生自我实现的需要,才能为了他人和社会的利益而忘我地进行创造性的工作。其次,学校和社会应对那些不计个人名利,投入行动研究,从而提高教育质量的行为进行及时的表扬和奖励,以引导和激励小学教师立足岗位做贡献,通过行动研究提高教育质量,实现自身价值。小学教师产生自我实现需要后,并不一定形成行动研究的动机,他们或许会选择教育之外的其他领域实现自身价值,因此,正确的外部诱因也不可缺少。

(三) 坚持通俗性,不能神秘化

这是对小学教师行动研究方法的定位。在兴起和复兴阶段,行动研究的具体操作方法争议最少,也最通俗易懂。自从勒温提出计划—执行—审查—新计划……这一螺旋状不断开展的研究模式后,其他行动研究专家基本上都没有超越此模式。但在衰落阶段特别是为R—D—D模式代替后,教师参与的研究强调实验性,这样,包含因变量、自变量、无关变量、随机抽样、匹配分组、内外效度、参数和标准差等专业术语的实验研究就让教师们感到陌生而神秘,望而却步。

其实,小学教师开展行动研究的方法就是他们解决具体教育问题、改进教育实践效果的方法。如果成功地解决了实践问题,小学教师就顺利完成了一次研究活动,并可以发现新问题,开始新研究;如果没有解决实践问题,小学教师就重新研究,直至问题圆满解决。在研究和解决问题的过程中,小学教师应注意借鉴别人的先进经验和接受科学理论的指导。苏霍姆林斯基在论述教师的研究时指出,教师"并不从事那种从研究事实只引出科学结论的意义上所说的研究。我们在这里所指的是研究一些这样的问题,这些问题虽然在教育科学上已获得解决,但是当一个创造性工作的教师一旦成为理论与实践之间的中介人,这些问题就经常以新的方式出现在他的面前"。他还说这是真正的创造性研究,每一个愿意思考的教师都能做到。[①]

要促使小学教师行动研究的通俗性,关键是牢记小学教师行动研究的应用性目的,并且不用单一的学术标准评价其研究成果。小学教师要不断改进自己的教育实践,就必须或只能进行通俗性的应用研究,其成果则表现为或只能是具体的先进教育经验,用严格的学术规范衡量这些成果,当然会得出"研究水平低"的结论。从所受培

---

① [苏]瓦·阿·苏霍姆林斯基.给教师的建议[M].杜殿坤,编译.北京:教育科学出版社,1984:507-510.

训和应尽职责上说,一般小学教师对严密的学术研究方法如历史研究法、调查研究法、比较研究法、实验研究法和理论研究法等感到神秘是正常的,不是教师绝对不能打破这个神秘,而是其所肩负的培养几十个乃至上百个学生全面发展的职责不允许他们投入地去了解和运用。如果非要小学教师从事对他们来说"神秘"的学术研究,不仅会在事实上剥夺大多数小学教师的研究权利,而且可能会导致小学教师研究目的的变异和研究动机的庸俗化。

（四）坚持自主性,反对依赖化

这是对小学教师在行动研究过程中与专家关系的定位。在行动研究的兴起阶段,教师与专家是合作关系,教师的研究自主性有限;在衰落阶段,教师受专家约束和控制,没有研究自主性;而在复兴阶段,教师和专家是协作关系,教师具有充分的研究自主性。

之所以强调小学教师行动研究过程的自主性,是因为在由专家主持、教师参与的研究中,教师实际上并没有开展研究,而是为专家服务,只不过在服务过程中教师可以学到更多的研究技能和先进的教育思想理论。而在合作研究中,虽然教师具有一定的研究自主性,但问题在于:一方面,这种合作研究难以持续开展。由于专家有其自己的专业方向、学术目的和理论任务,这就决定他们不能总是与教师一起研究,总是着眼于教师的具体问题的解决。另一方面,这种合作研究难以广泛开展。事实上,绝大多数小学教师是没有与专家合作开展行动研究的机会的。小学教师自主开展行动研究并不等于说他们不需要专家的指导,而是说这种指导应具有服务性、咨询性。小学教师寻求指导的方式也多种多样,譬如,邀请专家来校做专题报告或现场咨询;亲自拜访专家;通过电话、网络与专家联系;借助图书、报刊、电子音像资料等媒体寻找专家的理论指导,等等。

从学校方面说,要促使小学教师行动研究的自主性,首先,应为小学教师提供宽松的研究环境和正确的研究导向。鼓励小学教师充分发挥主体性,大胆创新,锐意改革;引导小学教师少进行勉为其难的学术性研究,多开展力所能及的应用性研究,通过提高教育质量实现自身价值。其次,应为小学教师提供必要的物质条件。在研究过程中,小学教师需要一定的资料、设备,需要约请专家或外出交流学习等,学校应在物力、财力和时间等方面尽量予以支持和满足。最后,应加强对学校教研组的领导和管理,充分运用教研组这一"教师研究共同体"为每一位小学教师开展自主性行动研究提供随时随地的帮助。

第三节　行动研究对于小学教师专业发展的意义

一、丰富理论知识

专业最为核心的特征是从业者掌握专门的知识及技能,而专门的知识即理论知识,它主要由理论工作者构建,实践工作者主要通过学习而获得。因此,小学教师要获得专业发展,就必须要进行阅读,丰富理论知识。

斯滕豪斯在其《课程研究与编制导论》一书中指出,教师专业发展有三条途径:一是通过系统的理论学习;二是通过研究其他教师的经验;三是在教室里检验已有的理论。[①] 在这三条途径中,"通过系统的理论学习"和"在教室里检验已有的理论"与行动研究有密切的关系。所有的行动研究不仅要求小学教师要在行动中进行研究,而且要求小学教师要依靠理论知识开展研究,而不是仅凭经验进行研究,更不是进行试误性研究。有研究者指出,行动研究的适用范围主要包括四个方面:① 在教学过程中将新的改革措施引入固有的体系中,使之得到创新;② 作为职业训练手段,提供新的技术和方法,提高教师的职业分析能力和自我意识;③ 在特殊情况下,对已确诊的问题加以补救,或使环境因素得到改善;④ 对课程进行中小规模的研究与改革。[②] 上述四个方面无不需要理论知识的介入,无不需要小学教师进行深入的阅读。关于行动研究对于教师丰富理论知识的作用,有研究者通过对长春汽车产业开发区 18 所学校的 856 名中小学教师的问卷调查表明,在行动研究中,围绕小课题研究,46.1%的教师读过 2 本以上教育专著,39.0%的教师读过 1 本教育专著,仅有 14.9% 的教师没有读过教育专著。[③]

行动研究又被称为准实验研究,而所有的实验研究都必须要有假设。小学教师只有在理论知识的指导下,才可能提出科学的假设。行动研究不仅强调行动与研究相统一,而且强调小学教师在理论知识指导下进行研究,通过阅读获得科学而先进的理论知识是行动研究的内在必然要求。

二、完善实践知识

当代教师教育理论认为,实践知识是教师专业发展的知识基础。行动研究对于小学教师完善实践知识的作用主要表现在以下两个方面:

---

① 周香.行动研究对教师专业发展的作用[J].长沙大学学报,2009(4).
② 郑金洲,陶保平,孔企平.学校教育研究方法[M].北京:教育科学出版社,2003:251.
③ 蔡京玉,王国霞.行动研究对中小学教师专业发展的促进作用探析——以长春汽车产业开发区中小学教师行动研究为例[J].教育科学,2012(3).

一方面,行动研究能够使小学教师的实践知识显性化。所有小学教师都有自己的实践知识,然而,不少小学教师的实践知识处于缄默状态,小学教师"日用而不知"。因此,要有效促进小学教师专业发展,就需要将其所拥有的实践知识显性化,在此基础上对其进行价值判断,去伪存真。要做到这一点,小学教师必须对自己的实践进行反思。而反思是行动研究不可或缺的一个很重要环节。澳大利亚学者凯米斯甚至认为,行动研究就是一种反思研究,他说,行动研究是由社会情境(包括教育情境)的参与者为提高对自己所从事的社会或教育实践的理性认识,加深对实践活动以及其背景的理解进行的反思研究。①

另一方面,生产实践知识是行动研究的重要目的。教育理论工作者和实践工作者都认同行动研究不生产理论知识,但是,对行动研究是否生产知识却没有达成明确的共识。一些人往往认为行动研究的目的就是解决实践问题,它不需要生产知识。然而,行动研究不生产知识无异于行动,正如英国学者理查德·普林所指出的那样,"'行动研究'与知识的生产有关,尽管它生产的知识是暂时的,尽管它生产知识的目的是为了改变自己的处境,在这处境中知识的断言一度被认为是真的。换句话说,用改善了的教师的实践为教师'研究'辩护是不够的,必须要有关于实践为什么被改善了的知识。"②显然,那些"暂时性的知识"、"为了改变自己处境的知识"、"一度被认为是真的知识"不是理论知识,而是实践知识。因此,通过行动研究,小学教师能够积累更多经过实践检验的高质量的实践知识。

三、克服职业倦怠

西方国家有关教师专业发展阶段的许多理论都认为,教师在专业过程中会出现职业倦怠现象。譬如,费斯勒将教师专业发展分为职前教育阶段、入门阶段、能力建立阶段、热心和成长阶段、生涯受挫阶段、稳定和停滞阶段、生涯泄劲阶段、生涯退出阶段。其中,在生涯受挫阶段,教师出现了职业倦怠。斯特菲将教师专业发展分为预备生涯阶段、专家生涯阶段、退缩生涯阶段、更新生涯阶段、退出生涯阶段。其中,在退缩生涯阶段,教师出现了职业倦怠。休伯曼将教师专业发展分为入职期、稳定期、实验和重估期、平静和保守期、退休期,其中,在实验和重估期,教师出现了职业倦怠。③ 从上述研究可以看出,小学教师出现职业倦怠具有很大的可能性,而在职业倦怠状态下,小学教师专业发展必然会遭受严重的破坏。而行动研究则能够为小学教师克服职业倦怠提供重要帮助,对此,苏霍姆林斯基有过精辟的论述。他对青年校长说:"如果你想使教育工作给教师带来欢乐,使每天的上课不致变成单调乏味的义务,那就请你把每个教师引上进行研究的幸福之路吧。"苏霍姆林斯基所说的教师研究是

---

① 蒲蕊.行动研究:教师专业发展的有效路径[J].教学与管理,2006(3).
② [英]理查德·普林.教育研究的哲学[M].李伟,译.北京:北京师范大学出版社,2008:13.
③ 连榕.教师专业发展[M].北京:高等教育出版社,2007:181-185.

特指的,他说,教师的研究"并不是严格意义上所指的那种科学研究工作。一个教师可能在创造性地进行工作,但他并不从事那种从研究事实中引出科学结论的意义上所说的研究……这里说的是在我们的工作中由于其性质本身而有必要进行的那种创造性研究"[1]。本书认为,苏霍姆林斯基所说的教师"由于其性质本身而有必要进行的那种创造性研究"具有鲜明的行动研究性质。

小学教师出现职业倦怠的原因主要有两个:一是长期的重复工作导致工作枯燥乏味,二是多次遇到难以解决的实践难题导致心灰意冷。行动研究对于这两个问题的解决都有重要的现实意义。当通过行动研究,运用新理论、新技术进行教育教学改革时,小学教师就能够针对第一个原因解决职业倦怠问题。而当通过行动研究,运用科学的理论和先进的技术顺利克服了实践难题时,小学教师就能够针对第二个原因解决职业倦怠问题。

案例:

在工作的前几年,思老师一直在努力学习如何教学,如何能够让学生的高考成绩更好。慢慢地思老师发现自己的教学到了一个瓶颈,觉得自己的教和学生的学都要围绕着高考来进行,无法突破高考的"压制",于是有了很多抱怨。这时思老师进入了教学的第11个年头。思老师认为,在这种应试制度下,自己对学生的帮助越来越小,对学生能力的形成、未来的发展没有太多的帮助。思老师觉得自己已经找不到工作的意义(meaning),甚至在想这一行还值不值得干?思老师害怕开学、害怕星期一上课、害怕见学生。职业倦怠的痛苦折磨了她近5年时间。

2007年9月思老师加入了"高中英语教师行动研究"项目,经过2年的研究实践,有了很多改变,克服了职业倦怠。思老师说:"原来总认为只有等高考体制变了,自己才能有所作为,通过2年的实践后发现,不为应对高考的教和学是可以实现的……过去的教学只注重做标准化的考题,缺乏对学生进行能力训练的过程。后来我们改变了,以训练学生的语言能力、综合能力为目标。实践证明,学生能力提升后,自然能够很轻松地应对标准化考试,也就是说以提升学生能力为目标的教学与高考是不冲突的……老师变化了,学生也就立刻跟着改变。我的感觉就是 I can really do something。"[2]

四、增强专业自主

专业自主是专业最为重要的特征之一,它是小学教师专业发展的内在必然要求。

---

[1] [苏]瓦·阿·苏霍姆林斯基. 给教师的建议[M]. 杜殿坤,编译. 北京:教育科学出版社,1984:507-508.
[2] 周均. 行动研究促进教师专业发展——一位中学教师的案例研究[J]. 教师教育研究,2014(4).

从世界范围来说,教师专业化运动始于国际劳工组织和联合国教科文组织于1966年颁布的《关于教师地位的建议》。该文件在提出"教育工作应该被视为专门职业"的同时,强调指出,"教师在履行职责时应享有学术自由。教师尤其有资格对最适合学生的教材教法做出判断,所以,应在得到认可的课程大纲的范围内,在教育当局的支持下,在选择与使用教材、选用教科书以及运用教学方法等方面,发挥主要作用。"① 而行动研究对于小学教师专业自主具有非常重要的作用。斯滕豪斯指出,教师解放的本质即专业自主,它可以用来回避"一言堂式"的家长制作风和权威论,转向依靠自己的思考和判断,而通向解放的有效途径就是"教师成为研究者"。② 行动研究对于小学教师专业自主的促进作用主要表现在以下两个方面:

一方面,行动研究能够使小学教师摆脱自己的情绪或习惯的支配。人的所有的情绪行为和习惯行为都是无意识的、未加思考的、不受个人意志控制的行为,而在行动研究中,一个重要的环节是反思,反思是一种思维行为,它具有理智性、意识性,因而,通过行动研究中的反思,小学教师在专业实践中就能够尽可能少的受自己的情绪和习惯的支配,从而获得专业自主。

另一方面,在行动研究中,小学教师对于实践问题的解决依靠的是自己所掌握的理论知识和实践知识,所运用的是自己的理性的分析和判断,因此,行动研究能够使小学教师在实践过程中不受外在的他人的或制度的不合理的控制,从而获得专业自主。

第四节 行动研究的程序

经过70多年的发展历程,行动研究形成了以下四种较有代表性的研究模式。③

一是凯米斯模式。该模式认为,行动研究的基本程序是:计划——行动——观察——反思——修订后的计划……

二是埃利奥特模式。该模式认为,行动研究的基本程序是:确定初始问题——观察了解现状,进行分析——制定总规划以及具体步骤——实施具体步骤——监控实施过程和效果——观察:解释分析原因和效果——(从出现问题的步骤开始)重新确定问题……

三是埃巴特模式。该模式认为,行动研究的基本程序是:总体设想——分析解释现状——整体计划——实施行动步骤1——调整并分析解释现状——(如果没有出

---

① [日]筑波大学教育学研究会. 现代教育学基础[M]. 钟启泉,译. 上海:上海教育出版社,1986:45.
② 高慎英. 教师成为研究者:"教师专业化"问题探讨[J]. 教育理论与实践,1998(3).
③ [英]戴维·霍普金斯. 教师课堂研究指南(第三版)[M]. 杨晓琼,译. 上海:华东师范大学出版社,2009:41-44.

现问题)实施步骤 2……(从出现问题的步骤开始)或修正整体设想,或修改整体计划……

四是麦柯南模式。该模式认为,行动研究的基本程序是:确定问题——需求评估——提出设想——实施计划——评价行动——决定(反思,解释理解行为)——再次确定问题……

从上述模式可以看出,行动研究以解决问题为核心,且解决问题的过程往往不是一蹴而就的,而是需要多次循环。从与研究方法相结合的角度说,行动研究的程序大致概括如下:

一、确定研究问题

教师在行动研究中要研究的问题应该是教师在自己的实践中遇到的问题。无论多么优秀的教师,其教育实践都会存在或多或少、或轻或重的问题。只要认真反思,教师总是能够发现值得研究的实践问题。这些问题可能是当前正在困扰着教师的亟待解决的问题,也可能是教师受到某个先进理论或经验的启发而产生的实践创新问题。

小学教师在确定研究问题时需要考虑两个方面:其一,研究的问题要尽可能与学校的发展相结合。彼得·圣吉的学习型组织理论告诉我们,在当代社会,充满生机和活力的组织都是学习型组织,而学习型组织的重要特点之一就是组织拥有共同愿景,它能够克服组织成员单兵作战、各自为营的弊端。因此,小学教师在开展行动研究时,选择那些与学校发展密切结合的研究问题更容易促进学校发展,同时也更容易得到学校的支持。其二,研究问题要具有可行性。小学教师所遇到的实践问题未必都能够成为行动研究课题,在确定研究问题时,小学教师应该综合考虑自己所具有的主客观条件,选择那些既有重要研究价值,又有现实可行性的研究问题。

二、制定研究方案

对于行动研究来说,制定研究方案即设计解决实践问题的方案。在制定方案时,小学教师首先需要对实践问题的原因进行分析,只有在找到了问题的原因之后,小学教师才可能制定出有针对性的解决措施。由于导致实践问题的因素往往是多方面的,其中既可能有教师个人的因素,也可能有教师之外的因素;既可能有教师通过自身努力能够解决的因素,也可能有教师难以解决的因素。因此,在制定方案时,小学教师一般只能在自己能够有所作为的方面做出努力。通过查阅文献,借鉴一些有价值的理论研究成果或卓有成效的经验,与同事进行商讨,咨询校外专家,小学教师能够制定出更为科学的研究方案。

行动研究方案一般包括总体方案和具体行动方案。从内容方面说,行动研究方案一般包括研究目的、研究内容、研究方法、研究工具、研究步骤、研究评价等方面,其中,小学教师应特别重视对具体研究步骤的设计。

三、实施研究方案

实施研究方案是行动研究的中心环节。一般而言,在实施方案的过程中,除非出现较大的意外情况,如该行动方案的实施明显影响了学生的发展,小学教师一般会比较严格地遵循既定的研究方案。当然,就像所有教学活动都具有生成性一样,小学教师也不能机械地实施研究方案,而应该根据具体情境对方案加以灵活调整。

为了获得准确而充分的研究资料,小学教师在实施研究方案的过程中需要运用必要的研究方法和手段收集研究资料。埃利奥特及其同事比较推崇的一种收集资料的方法是三角互证法。该方法强调把一个参与者在某一特定情境下获得的研究资料与其他参与者所获得研究资料进行比较和相互验证。埃利奥特认为,在三角互证法中,教师最有可能通过反省当时的教学情境的意图和目标来获得相关数据。学生最有可能解释教师的教学行为是如何影响他们在当时的教学情境下的回应方式。而其他观察者则最有可能收集有关教学情境中师生互动方面的数据。通过把自己获得的信息与来自其他两个方面的信息进行比较,立于三角之中的一个人就有机会在数据更加充分的基础上检测自己的感受和理解是否正确,并有可能对其进行修正。① 在实施研究方案的过程中,行动研究的参与者除了运用观察法之外,还可以借助录音、录像等现代信息技术更为全面和客观地收集研究资料。

四、评价实施效果

评价实施效果是小学教师、同事或校外专家、学生等相关人员合作进行的活动。它不是在总体方案全部实施完成之后才进行,而是在实施第一步解决方案之后就开始。评价实施效果所依据的资料既包括确定研究问题、制定研究方案和实施研究方案过程的资料,也包括运用测量方法所获得的有关学生发展方面的资料。通过评价,相关人员判断行动研究方案的效果,如果达到预期效果,小学教师就可以接着实施下一步研究方案。如果出现问题,小学教师就需要与同事或校外专家一起分析问题,在明确问题及其原因的基础上制定出相应的解决方案,然后实施,直至比较完善地解决问题。

五、撰写研究报告

小学教师在一项行动研究结束之后,需要撰写研究报告,并在一定范围内将其公开发表。小学教师公开发表行动研究成果的目的不仅在于为其他教师改进实践提供借鉴,而且在于能够让更多的同事或理论工作者了解行动研究的过程和结论,从而使行动研究成果在更大范围内得到检验,进而对其进行进一步的修正和完善。

行动研究报告没有非常严格的结构形式,其基本内容包括两个方面:一是对整个

---

① [英]戴维·霍普金斯.教师课堂研究指南(第三版)[M].杨晓琼,译.上海:华东师范大学出版社,2009:123.

行动研究过程的整理和描述,即对确定研究问题、制定研究方案、实施研究方案、评价实施效果以及可能出现的方案调整过程等各个环节进行客观而详细的叙述。二是阐释研究过程所涉及的理论依据,概括通过行动研究所获得的理性认识。另外,行动研究报告也应该实事求是地说明本研究的局限和有待于进一步研究的问题。

附:

关于作业订正的行动研究①

本文以小学四年级学生为对象,尝试通过行动研究对"订正"这一教学方法进行一个初步的、浅显的探索研究。"订正",对于小学语文教学来说,甚至对于所有学科所有年段来说,都有着很大的正面影响,它能在一定程度上有效提升学习成绩。但与此同时,"订正"也有很多负面影响,例如:加重学生学业负担、造成学生厌学心理等。为了尽最大可能发挥订正的正面作用,我便想以它作为此次行动研究的课题,来做进一步的探究。

一、问题

(一)明确问题

"订正",是每一个教师在教学过程中常用也是必用的教学手段之一。教师们使用起它来是那么自然和不着痕迹,学生接受起来也是那么顺从和理所当然,以致有时候我们会忽略了这一教学环节的重要性。说到"订正",就必须提到作业,这里的作业包括课堂作业和家庭作业,涵盖了巩固知识的所有练习形式。作业是一面镜子,教师可以通过作业的完成情况看到自己的教学成果;作业是一扇窗户,教师可以透过窗户了解学生的学习状况。而"订正",就是通过修正错误来提高教学质量的。那么如何才能使订正更加有效,甚至高效呢?

(二)分析问题

我带着疑问查阅资料发现,关于作业订正的研究比较散落,对"订正"进行独立研究的文章不多,而且语、数、英、科的订正方法和侧重点也有所不同。就语文方面而言,有文章指出:"老师们在练习反馈和指导订正试卷时,可以想到有更多'文章'可做,把有效教学、提升质量的口号进一步落到实处。"另外,有学者在研究课堂订正教学时指出这一教学手段在使用时应注意"及时发现差错,学生及时订正……有利于学生纠错的热情和积极性的提高,最易接受和记牢新知识……"

我认为,在这次试验教学中,应该选择效果明显的知识内容。就是说,这个教学内容要让人看到订正所起到的教学效果,最好能用数字量化表现出来。因此这

---

① 范韵悦. 关于作业订正的行动研究[EB/OL]. http://study.pianshen.com/355269/.

次的教学内容最好选字词的教学，原因如下：

1. 限定研究范围和方向，避免研究过于空泛，只研究字词教学的订正有利于研究深入开展。

2. 对字词的掌握是每个小学生都必需的语文能力，把订正放到字词的教学内容中研究，得出的结论更有推广意义。

3. 字词的检验有利于直观反映出学生对于订正教学的接受程度，订正教学的效果明显与否能较清晰地展现出来。

通过资料的查阅，结合自身的条件，我拟定这次的研究对象是小学四年级的学生，研究范围以语文教学为主。研究目标如下：

1. 订正的效果用数字进行量化展示出来。
2. 哪些订正手段在语文教学中是切实有效的？哪些是无效甚至有负面效果的？
3. 学生和教师对于订正在观念上是否存在差异？如果有，存在哪些差异？

二、计划

首先，我将到其他语文教师那里了解他们对于订正的看法和普遍采用的措施。老师们一致认为对于语文来说，订正是非常重要的，是提高教学质量、提高成绩不可或缺的利器，应该时时抓紧不能放松。而大家普遍采取的方法是全面订正，即每个学生都应该把做错的题目全部订正，对于个别学习后进生更是要单独辅导，对于问题比较严重且放学前还没完成订正的学生，课后还要留堂。

另外，我也与学生进行了谈话。了解学生对订正的看法和对老师采取的措施的感受。绝大部分学生都认为做错的题目需要订正，并理解老师这样的做法是有利于自己学习的，他们基本对于订正没什么反感情绪，并且都觉得能比较容易地完成订正的任务。而一些后进生则不喜欢被留堂，但同时又觉得自己不一定能在放学前完成订正，留堂有时是不可避免的。

为了使探究能顺利地开展，让结果更具有科学性，我决定选用我们班即四年级的学生。选用四年级的学生有以下好处：

1. 四年级学生普遍已经养成较良好的学习习惯，不用教师去纠正那些琐碎细微的不良学习行为。

2. 四年级的学生在作业书写、格式上已经比较规范，在做作业时能有效减少一些非知识性的错误，既能减少教师的批改量，又能有效体现教学的效果。

三、行动

几节新课下来，我发现学生的字词书写错误千奇百怪，有的我早有预料；有的则是初次见到，是学生们的"自主创新"。

而且经过对单元小测验的分析可以知道，单元的测验主要以字词等基础知识为主。字词不过关，分数就很难有所提高。

这时候应该轮到"订正"大派用场的时候了，针对以上问题，我认为应该好好修正。详列如下：

1. 要求每个学生都必须把错误的题目订正后，才开始做新的作业。
2. 语文作业错得较多的学生必须在校内订正完，交老师批改后，才能回家。
3. 基本全错的学生由老师一对一辅导，利用课余时间进行订正，在老师的监督下订正每道错题。

经过几个星期的执行，学生的作业错误得到了有效的遏制，从后几次测验试卷分析来看，成绩还是比较令人满意的，而且以字词为主的基础知识部分掌握较好。

四、反思

（一）评价

订正还是很有成效的，这说明传统的方法还是有一定用处的，毕竟这些方法是教师们长期经验的积累。但其中也存在令人担忧的现象，例如，测验中出现个别学生的分数极低，说明他们根本就没能掌握该单元的知识，也说明了在进行订正时，这些学生的订正是不到位的，没能把错误的知识纠正过来。因此他们需要在之后的研究中获得更多的关注，主要是让他们切实做好课后订正的工作。

（二）总结

经过一段时间的探究和摸索，我清楚地认识到"订正"对于小学语文教学有着正面的作用，总的来说作用还是很大的。"订正"作为一个常规的教学手段，应该坚持下去。但"订正"也有副作用，抓得太紧容易加重学生的学业负担，引起学生的厌烦情绪，继而很可能发展为厌学，所以订正的松紧要有度。

我想，订正要全面发挥它的正面价值，有两个必须满足的条件：

1. 及时性——最好做到即时作业，即时批改，即时订正。作业、批改与订正之间相隔的时间越短对学生巩固知识越有利。
2. 有效性——要保证订正的过程是有效的，同时是学生独立思考的过程。

最后我想说，在有关作业订正研究方面，目前还有很多未知的领域等待教师去探索。同时，有很多优秀的有经验的教师正在不断努力，我希望自己也能向他们学习，不断地去探究和尝试。

思考问题

1. 行动研究的内涵是什么？
2. 行动研究在兴起和复兴时期的不同是什么？
3. 为什么说行动研究是最适合小学教师的研究类型？
4. 行动研究对于小学教师专业发展的意义是什么？
5. 如何看待行动研究的循环性？

参考文献

一、著作

[1] 陈静静.教师实践性知识研究:中日比较研究[M].上海:华东师范大学出版社,2011.

[2] 陈琦,刘儒德.教育心理学(第2版)[M].北京:北京人民教育出版社,2007.

[3] 陈时见,靳玉乐.教师教育课程论:历史透视与国际比较[M].北京:人民教育出版社,2011.

[4] 陈永明.现代教师论[M].上海:上海教育出版社,1999.

[5] 傅建明.教师专业发展——途径与方法[M].上海:华东师范大学出版社,2007.

[6] 葛金国.学校管理学[M].合肥:中国科学技术大学出版社,1996.

[7] 教育部基础教育司,教育部师范教育司.校本教研与教师专业发展[M].北京:高等教育出版社,2004.

[8] 教育部师范教育司.教师专业化的理论与实践[M].北京:人民教育出版社,2003.

[9] 连榕.教师专业发展[M].北京:高等教育出版社,2007.

[10] 刘捷.专业化:挑战21世纪的教师[M].北京:教育科学出版社,2003.

[11] 刘良华.校本行动研究[M].成都:四川教育出版社,2002.

[12] 罗蓉,李瑜.教师专业发展:理论与实践[M].北京:北京师范大学出版社,2012.

[13] 全国十二所重点师范大学联合编写.教育学基础[M]北京:教育科学出版社,2002.

[14] 王邦佐,陆文龙.中学优秀教师的成长与高师教改之探索[M].北京:人民教育出版社,1994.

[15] 王少飞.新课程背景下的教师专业发展[M].上海:华东师范大学出版社,2005.

[16] 雄建辉.教师专业标准的国际经验[M].北京:北京师范大学出版社,2014.

[17] 杨翠娥.走向生命关怀的教师专业发展[M].北京:知识产权出版社,2015.

[18] 杨小薇.教育研究的理论与方法[M].北京:北京师范大学出版社,2008.

[19] 余文森,洪明.校本研究九大要点[M].福州:福建教育出版社,2007.

[20] 赵昌木.教师专业发展[M].济南:山东人民出版社,2011.

[21] 赵明仁.教学反思与教师专业发展[M].北京:北京师范大学出版社,2009.

[22] 郑金洲,陶保平,孔企平.学校教育研究方法[M].北京:教育科学出版社,2003.

[23] 中国大百科全书总编辑委员会《社会学》编辑委员会.中国大百科全书·社会学[M].北京:中国大百科全书出版社,1991.

[24] 朱旭东.教师专业发展理论研究[M].北京:北京师范大学出版社,2011.

[25] 国际21世纪教育委员会.教育——财富蕴藏其中[M].联合国教科文组织总部中文科,译.北京:教育科学出版社,1996.

[26] 联合国教科文组织国际教育发展委员会. 学会生存:教育世界的今天和明天[M]. 华东师范大学比较教育研究所,译. 北京:教育科学出版社,1996.

[27] [加]F.迈克尔·康纳利,琼·克兰迪宁. 教师成为课程研究者——经验叙事[M]. 刘良华,邝红军,等,译. 杭州:浙江教育出版社,2004.

[28] [加]迈克尔·富兰. 变革的力量——透视教育改革[M]. 中央教育科学研究所,加拿大多伦多国际学院,译. 北京:教育科学出版社,2004.

[29] [法]卢梭. 社会契约论[M]. 方华文,译. 西安:陕西人民出版社,2004.

[30] [美]阿历克斯·英格尔斯. 人的现代化[M]. 殷陆君,编译. 成都:四川人民出版社,1985.

[31] [美]约翰·杜威. 民主主义与教育[M]. 王承绪,译. 北京:人民教育出版社,2001.

[32] [美]斯蒂芬·D.布鲁克菲尔德. 批判反思型教师ABC[M]. 张伟,译. 北京:中国轻工业出版社,2002.

[33] [日]筑波大学教育学研究会. 现代教育学基础[M]. 钟启泉,译. 上海:上海教育出版社,1986.

[34] [苏]巴赫金. 文本·对话与人文[M]. 白春仁,晓河,译. 石家庄:河北教育出版社,1998.

[35] [苏]波·恩·申比廖夫,伊·特·奥哥洛德尼柯夫. 教育学[M]. 陈侠,熊承涤,译. 北京:人民教育出版社,1955.

[36] [苏]瓦·阿·苏霍姆林斯基. 给教师的建议[M]. 杜殿坤,编译. 北京:教育科学出版社,1984.

[37] [英]戴维·霍普金斯. 教师课堂研究指南[M]. 杨晓琼,译. 上海:华东师范大学出版社,2009.

[38] [英]迪尔登. 教育领域中的理论与实践[A]. 唐莹,沈剑平,译. 瞿葆奎. 教育学文集(教育与教育学卷)[C]. 北京:人民教育出版社,1993.

[39] [英]理查德·普林. 教育研究的哲学[M]. 李伟,译. 北京:北京师范大学出版社,2008.

[40] [美]唐纳德·舍恩. 反映的实践者:专业工作者如何在行动中思考[M]. 夏林清,译. 北京:教育科学出版社,2007.

二、论文

[1] 安桂清. 国际比较视野下的课例研究:背景、现状与启示[J]. 教师教育研究,2014(2).

[2] 蔡京玉,王国霞. 行动研究对中小学教师专业发展的促进作用探析——以长春汽车产业开发区中小学教师行动研究为例[J]. 教育科学,2012(3).

[3] 陈向明. 实践性知识:教师专业发展的知识基础[J]. 北京大学教育评论,2003(1).

[4] 戴长河,许天英,陈振兴,周静. 行动研究概述[J]. 教育科学研究,1995(1).

[5] 董绍才. 基础教育教研室制度演进历程与审视[J]. 当代教育科学,2010(20).

[6] 冯建军,周兴国. 略述布蕾津卡的实践教育学思想——兼论我国教育学的努力方向[J]. 比较教育研究,1995(2).

[7] 高慎英. 教师成为研究者:"教师专业化"问题探讨[J]. 教育理论与实践,1998(3).

[8] 高振宇. 行动研究与课程改革——加拿大阿尔伯塔大学泰瑞斯·卡森教授访谈录[J]. 全球教育展望,2011(6).

[9] 顾泠沅,王洁. 以课例为载体引领教师发展[J]. 人民教育,2003(6).

[10] 洪明. 当代英国行动研究的重要主张——埃利奥特论行动研究的过程与技术[J]. 外国教育研究,2003(5).

[11] 胡庆芳. 论日本中小学的校本培训:从课例研究的视角[J]. 外国中小学教育,2007(2).

[12] 黄建红.农村小学教师职业倦怠现状及其干预对策——基于广西农村小学教师的调查[J].玉林师范学院学报(哲学社会科学版),2015(6).

[13] 李臣之,刘华良.行动研究若干问题探讨[J].教育科学论坛,1995(5).

[14] 李子建,丁道勇.课例研究及其对我国校本教研的启发[J].全球教育展望,2009(4).

[15] 李忠林.西方改革时代的功利主义思潮[J].历史教学,2005(6).

[16] 林崇德,申继亮,辛涛.教师素质的构成及其培养途径[J].中国教育学刊,1996(4).

[17] 卢俊勇,陶青.教育实习:学徒制抑或实验制?——杜威的观点[J].外国教育研究,2016(9).

[18] 卢真金.反思性教学及其历史发展[J].全球教育展望,2001(2).

[19] 吕达,刘捷.超越经验:在自我反思中实现专业发展[J].教育学报,2005(4).

[20] 吕丽芳.舒尔曼教师知识观的研究[D].天津师范大学,2013.

[21] 刘良华.重申"行动研究"[J].比较教育研究,2005(5).

[22] 彭泽平.对教育理论功能的审视和思考[J].教育研究,2002(9).

[23] 蒲蕊.行动研究:教师专业发展的有效路径[J].教学与管理,2006(3).

[24] 饶从满,张贵新.教师合作:教师发展的一条重要途径[J].教师教育研究,2007(1).

[25] 王明平.案例研究、实践反思与教师实践性智慧发展[J].中小学教师培训,2003(10).

[26] 王荣生,高晶."课例研究":本土经验及多种形态(上)[J].教育发展研究,2012(8).

[27] 杨成波.韦伯社会行动的理想类型及当代启示[J].山西师大学报(社会科学版),2011(1).

[28] 杨帆,夏惠贤.日本课例研究的特征及对教师专业发展的影响[J].外国中小学教育,2008(12).

[29] 杨文登,叶浩生.缩短教育理论与实践的距离:基于循证教育学的视野[J].教育研究与实验,2010(3).

[30] 杨玉东.教师如何做课例研究[J].教育发展研究,2008(8).

[31] 叶澜.新世纪教师专业素养初探[J].教育实验与研究,1998(1).

[32] 袁桂林.英国教师在职培训的六阶段模式[J].外国教育研究,1995(1).

[33] 张立昌.试论教师的反思及其策略[J].教育研究,2001(12).

[34] 张学民,申继亮.国外教师教学专长及发展理论述评[J].比较教育研究,2001(3).

[35] 赵守盈,陈维.贵阳市小学教师职业倦怠现状[J].教育研究与实验,2010(3).

[36] 周均.行动研究促进教师专业发展——一位中学教师的案例研究[J].教师教育研究,2014(4).

[37] 周香.行动研究对教师专业发展的作用[J].长沙大学学报,2009(4).

[38] 周颖华.教师培训中"实工虚做"现象解析[J].东北师大学报(哲学社会科学版),2010(4).

[39] 朱宁波.校本教研中的教师同伴互助[J].教育科学,2005(5).

[40] 祝成林,张宝臣.教师专业发展:基于课例研究的视角[J].教育导刊,2010(1).

[41] [美]李·舒尔曼.理论、实践与教育的专业化[J].王幼真,刘捷,编译.比较教育研究,1999(3).

[42] [美]R.J.斯腾伯格,J.A.霍瓦斯.专家型教师教学的原型观[J].华东师范大学学报(教育科学版),1997(1).

[43] [英]艾弗·F.古德森.教学中的职业精神:恪守原则的职业教师[J].教育展望(中文版),2001(2).